沖縄文教部／琉球政府文教局 発行

復刻版

文教時報

第1巻

通牒版第1号〜第8号
（1946年2月〜1950年2月）

編・解説者 藤澤健一・近藤健一郎

不二出版

『文教時報』第1巻（通牒版第1号〜第8号）復刻にあたって

一、本復刻版では琉球政府設立以前の群島別統治期、沖縄群島において一九四六年二月二六日に「通牒」として発刊され始めた『文教時報』を「通牒版」として仮に総称します。

一、第1巻の復刻にあたっては左記の各機関に原本提供のご協力をいただきました。記して感謝申し上げます。

沖縄県教育庁文化財課史料編集班、那覇市歴史博物館

一、原本サイズについては、通牒版第1号から第3号までA４横判大、第3号附録から第8号までA４横判小サイズです。なお、通牒版第3号の本文（一覧表）は82％に縮小して収録しました。

一、復刻版本文には、表紙類を含めてすべて墨一色刷り・本文共紙で掲載し、各号に号数インデックスを付しました。また、白頁は適宜割愛しました。

一、通牒版第1号の原本は片面印刷ですが、復刻版では両面印刷としました。

一、原本の印字が不鮮明なため、判読できない文字があります。

一、史料の中に、人権の視点からみて、不適切な語句、表現、論、あるいは現在からみて明らかな学問上の誤りがある場合でも、歴史的史料の復刻という性質上そのままとしました。

（不二出版）

◎全巻収録内容

復刻版巻数	原本号数	原本発行年月日
第1巻	通牒版1〜8	1946年2月〜1950年2月
第2巻	1〜9	1952年6月〜1954年6月
第3巻	10〜17	1954年9月〜1955年9月
第4巻	18〜26	1955年10月〜1956年9月
第5巻	27〜35	1956年12月〜1957年10月
第6巻	36〜42	1957年11月〜1958年6月
第7巻	43〜51	1958年7月〜1959年2月
第8巻	52〜55	1959年3月〜1959年6月
第9巻	56〜65	1959年6月〜1960年3月
第10巻	66〜73／号外2	1960年4月〜1961年2月
第11巻	74〜79／号外4	1961年3月〜1962年6月
第12巻	80〜87／号外5、7、8	1962年9月〜1964年6月
第13巻	88〜95／号外10	1964年6月〜1965年6月
第14巻	96〜101／号外11	1965年9月〜1966年7月
第15巻	102〜107／号外12、13	1966年8月〜1967年9月
第16巻	108〜115／号外14〜16	1967年10月〜1969年3月
第17巻	116〜120／号外17、18	1969年10月〜1970年11月
第18巻	121〜127／号外19	1971年2月〜1972年4月
付録	『琉球の教育』1957(推定)、1959／別冊＝『沖縄教育の概観』1〜8	1957年（推定）〜1972年
別冊	解説・総目次・索引	

〈第1巻収録内容〉

仮称	号数	表紙記載誌名	発行年月日
通牒版	第1号	文教時報	一九四六年 二 月二六日
通牒版	第2号	文教時報	一九四六年一一月二〇日
通牒版	第3号	文教時報	一九四七年 四 月二二日
	第3号附録「合衆国遣日教育使節団報告抜粋」		一九四七年 五 月二〇日
通牒版	第4号	文教時報	一九四七年 六 月一七日
通牒版	第5号	文教時報	一九四七年 九 月 一 日
通牒版	第6号	文教時報	一九四七年一一月 五 日
通牒版	第7号	文教時報	一九四七年一二月
通牒版	第8号	文教時報	一九五〇年 二 月

（注）一、通牒版第3号附録の6、13、14頁には原本の穴により判読できない文字がある。

（不二出版）

『文教時報』復刻刊行の辞

わたしたちは、沖縄現代史のあゆみをどこまで知っているだろうか。この問いを掲げつつ、第二次大戦後、米軍によって占領されていた時期（一九四五―一九七二年）、沖縄・宮古・八重山（一時期、奄美をふくむ）において、文教担当部局が刊行した『文教時報』を復刻する。

同誌は沖縄文教部、つづいて琉球政府文教局が刊行した。前者では示達事項を中心とした指導書であり、後者では教育行政にかかわる情報、教育についての調査・統計、教室での実践記録や公民館を中心とした社会教育関連記事など、盛り込まれた内容は幅広い。総じて教育広報誌といえる同誌は、発行期間の長さと継続性から、沖縄現代史を分析するうえで、もっとも基礎的な史料のひとつと目される。しかし、これまで同誌は全体像についての理解を欠いたまま、断片的に活用されるにとどまってきた。

その背景にはなにがあるのか。まず、発行が群島ごとに分割統治されていた時期から琉球政府期にいたるまで四半世紀におよび、雑誌としての性格が変容していることがある。くわえて多くの機関に分蔵されるとともに、附録類、号外や別冊など書誌的な体系が複雑に入り組みつかみにくい。このために本格的な調査が進まなかった。今回、わたしたちは所蔵関係にかかわる基礎調査をふまえ、添付書類までもふくめた全体像の把握に体系的に取り組んだ。その成果をこうして全一八巻、付録に集約して復刻刊行する。解説のほか、総目次や執筆者索引などから構成される別冊をあわせて刊行する。今回の復刻により、教育行政側からみた沖縄現代史について、それを総覧できる史料的な環境がようやく整備されることになる。

統治者として君臨した、米国側との関係、また、沖縄教職員会をはじめとした教員団体との関係、さらに「復帰」に向けた日本政府や文部省との関係、さらに離島や村落の教育環境など、同誌は変動する沖縄現代史のダイナミズムを体現するかのような史料群となっている。

沖縄の「復帰」からすでに四五年にいたるいま、沖縄研究者はもとより、教育史、占領史、政治史、行政史など複数の領域において、本復刻の成果が活用され、沖縄現代史にかかわる確かな理解が深まることを念じている。物事を判断するためには、うわついた言説に依るのではなく事実経過が知られなければならない。あらためて問いたい。沖縄現代史のあゆみはたしてどこまで知られているか。

（編集委員代表　藤澤健一）

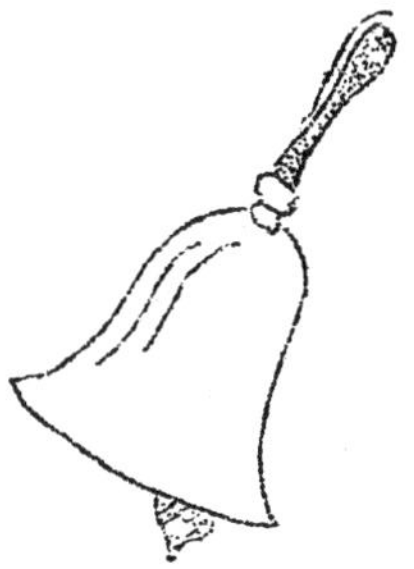

文教時報

1.

沖縄文教部

一九四六 二 二六

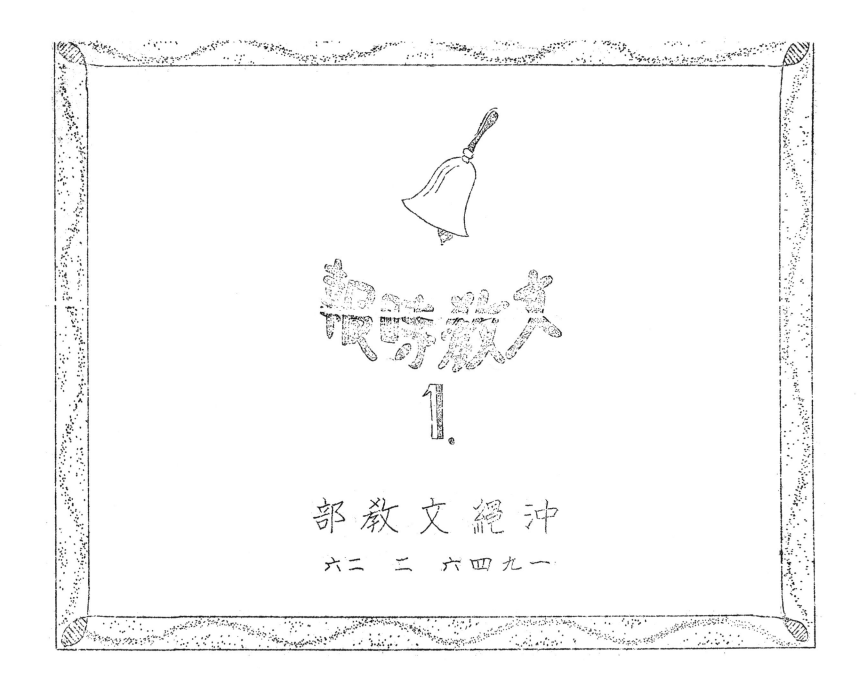

文教時報

第一號　通牒　一九四六年二月廿六日

一　沖縄文教部ハ今般文教時報ヲ発行シテ沖縄各学校ニ発送スルコトニナッテヰマス。此ノ時報ハ文教部所管内ノ各学校ノ守ルベキ指示訓令等ガ掲載サレテ居ルノデ通牒トモ言フ可キ性質ノモノデアリマス。各学校ハ是等ノ通牒ヲ公文書トシテ保管整理シ其ノ実施ヲ時折検討反省スベキモノデアリマス。第一号ニ於テハ特ニ文教部ノ統制アル運営ヲ解明スルト共ニ緊要ナル諸問題ヲ説明セントスルモノデアリマス。

二　教育機構

本年一月二日附米國海軍々政府通牒ニ依リ沖縄文教部ガ設立セラレ沖縄島及ビ其ノ周辺諸島ニ於ケル全学校ヲ統制シ中央機構ガ成立シタノデアリマス。

文教部職員ハ沖縄人教育家ヲ以テ組織シ米國海軍政府将校監督ノ下ニ活動スルモノデ現在文教部長ハ山城篤男デアッテ其ノ職務権限ハ次ノ如ク規定サレテヰマス。

(一) 学校ノ設置、認可

(二) 学校ニ対スル訓令、通牒等ノ公布

(三) 学校長及ビ教師ノ任免

(四) 学校ノ視察指導

(五) 学校諸文書ノ保管

(六) 学科課程ノ立案

(七) 教科書及ビ教材ノ編修

(八) 学用品ノ配布

(九) 其ノ他教育運営ノ監督

等デアリマス。

米軍教育将校ハ教育本部職員ヲ監督シ学用品ノ供給及ビ発送ノ任ニ当リ各地区ニ於ケル米軍将校ハ教師及ビ生徒児童ニ対シ物的援助ヲナシ、校舎及ビ諸施設等ノ造営ニ協力スルモノデアリマス。

学校長及ビ教師ハ沖縄文教部及ビ米軍教育将校ヨリ発セラル、訓令ニ基ヅイテ学校ノ経営ヲナシ、児童及ビ生徒ノ教育ニ対シ最上ノ計畫ヲ樹テル責務ヲ有シテ居マス。

三 義務教育ノ実施

本年四月二日現在　満六歳以上満十四歳（年齢計算法ハ従来通リトス）

ニ至ル学齢児童ニ対シ就学ノ義務ガ実施セラレマス。従ッテ其レ以前ニ於テ全学齢児童ヲ登録シ其ノ就学上ノ準備ヲ完了セネバナリマセン（学齢原簿ハ市町村長ガ之ヲ作成シマス）。

四　授業時数

一週六日、一日四時限ヲ最低トシテ教授スルコトニナッテ居マス。但シ体育及ビ農耕作業等ニ類スル時間ハ之ニ含ミマセン。校舎其ノ他設備不充分ノ時ハ午前八時ヨリ十二時迄ト午後一時ヨリ五時迄ノ二部教授トスルモ差支アリマセン。校舎其他ノ施設充分ナル時ハ一日五時間授業トシ其ノ他ヲ体育及ビ作業ニ充当シマス。

右ヲ原則トスルモ一、二年生ニアッ

テハ先ニ示シタ毎週教授時数ヲ適宜斟酌サレタガヨイ。

各教科目ノ時間数ニツイテハ新学年ニ於テ改訂ノ上示シタイト思ヒマス。

五　軍事的國粋的教育訓練ニ就イテ

軍事的訓練及ビ日本謳歌ノ教育ハ禁ゼラレルコトニナッテ井マス。即チ修身科ニツイテハ日本國民ノ偉大ナル使命ヲ強調シタル戰前ノ如キ取扱ヒヤ軍人戰争等ヲ謳歌スル教育ハ許可サレマセンガ行儀作法ヤ生活指導ノ如キコトハ大ニ望マシイコトデアリマス。

体操ニ於テハ軍事訓練式ノ教育ハ許サレナイガ筋肉ノ鍛練、柔軟体操式ノ体育ハ大ニ奨勵シマス。

柔道剣道唐手相撲等ハ之ヲ許可シマスが、体育及ビ技術トシテ取扱フ可キモノデアッテ武力的戦闘術的取扱ヒヲ伴フコトハ禁ジマス。

朝礼訓話其ノ他生徒児童ヲ集合シ又ハ解散スル時ニ当ッテ余リニ軍事的訓練式ニナッタリ気ヲ付ケノ時余リニ長ク鯱子張ッタ姿勢ヲ執ラセルコトハヨクナイコトデアリマス。行進ノ如キモ位置ヲ換ヘルタメノ手段デアルカラ兵式訓練式ニ流レルコトヲ避ケルコトハ最モ大切デアリマス。

六　學用品

学用品ハ文教部ヨリ凡ソ一週間ニ一回在籍生徒及ビ児童数ニ應ジテ送付シマス。其ノ方法ハトラックヲ用ヒテ直接学校ニ配布サレルノデアリマスガ通路ニ不便ナル学校ハ適宜ノ学校ニ依托配布ヲナスモノトシマス。

(一) 之ニ付注意スベキハ

学校長ハ受領証ニ署名シテ配送係ニ渡スコト。

(二) 不足ノ場合及ビ特ニ配給ヲ必要トスル場合ハ文教部ニ報告スルコト。

(三) 学校長ハ之等ノ物品ヲ公平ニ教師及ビ生徒児童ニ配給スルコト。

等デアリマス。　配給学用品ノ種別及ビ数量ハ凡ソ次ノヤウデアリマス。

紙……四年以上一人ニ付キ毎月二分ノ一帖（五十枚位）

三年以下毎月三分ノ一帖

鉛筆……一人ニ付キ毎月半本

白墨……教師一人ニ付キ毎月四ダース

右記ノ配給ハ引続キ実施セラレル筈デアリマスカラ配達ヲ受ケタラ早速配給ヲナスコトハ勿論デアリマスが前記ノ割合以上ニ消費スルコトハ避ケネバナリマセン。尚其他ノ用品モ時折給與出來ルト思ヒマス。

七　報告文書

各学校長ハ毎月十日ト廿五日ニ報告ヲナスコトニナツテ居リ此レニ用フル報告用紙ハ通牒ト共ニ配布シマス。特別報告Ａ用紙モ此ノ通牒ト共ニ発送サレルカラ折返シ返送シテ下サイ。

沖縄文教部長　山城篤男
米國海軍々政府
文教将校海軍少佐　ウイラード・エイ・ハンナ

各學校長殿

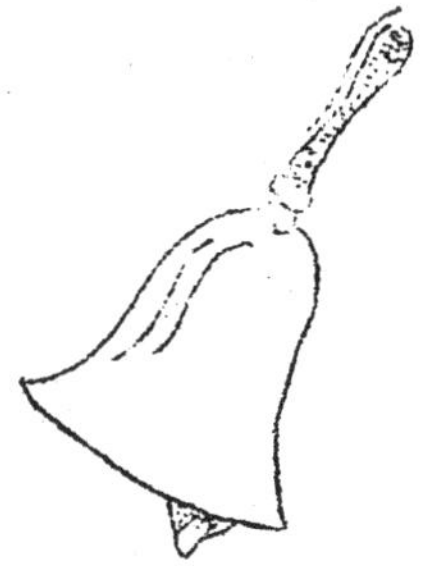

文教時報

2

沖縄文教部

一九四六　十一.二十

新教育指針大要

はしがき

新沖縄建設に際し、沖縄人を再教育し以って民主的な平和的な文化社會を建設することは、教育者の大使命であります。

日本ではマッカーサー司令部と相談して、新教育指針を編修し、文部省から日本全教育者にくばりました。

その大部分は新沖縄の教育にも参考になるので、其の大要を紹介します。讀者はこの指針大要を材料として眞剣に研究し合ひ、新沖縄建設のために次代をになふ男女青少年の育成指導に精進せられるやう希望します。

新教育指針は二部よりなり、第一部は前ぺん後へんに分れ、

第一部は新日本建設のために何が大切かといふ理論を述べ、

第二部は教育の實際を記してあります。

第二部は追って紹介します。

文教部

目次

第一部　前ぺん　新日本建設の根本問題

第一章　序論　日本國民の反省

(一) 日本は今どんな状態にあるか。

一、ポツダム宣言にしたがつて日本は聯合國軍に占領され管理されてゐる。

二、ポツダム宣言は、日本國民が民主主義によつて言論、宗教、思想の自由並びに生命、身體、財産の保護と言ふ大切な權利が重んぜられることを要求する。

(二) どうしてこんな状態になつたか。

一、國民をこの戰爭に導いた指導者たちに、直接の重大責任がある。即ち軍國主義者や極端な國家主義者たちの罪である。

二、日本の國家の制度や社會の組織にいろいろ欠點があり、日本人の物の考へ方にも悪い所がある。

三、日本は近代文化を取り入れたが、それは形式だけ學んでその根本精神を取り入れなかつた。例へば電燈やガスを使ひ、ニジオを聞きながら、科學的精神は不充分であり、憲法政治や議會制度の形式を取り入れたが、それらの實質たる個人の權利を尊重することなどは充分でなかつた。

四、あまりに日本精神はえらいとうぬぼれて西洋を輕く見た。

五、日本人は人間性、人格、個性を充分に尊重しない。

六、批判力に乏しく、權威に盲從しやすい。之は封建制度の害であり、武士道のわるい點であつた。官尊民卑の如き悪い弊害が出來た。

七、合理的精神に乏しく、科學的水準が低い。そのため軍國主義に禍され、極端な國家主義にあやつられた。

八、日本國民はひとりよがりである。したがつて、自分をえらいと思ひ込んで自分と違つた意見や信仰を受け入れるところのおほらかな氣持がない。

(三) これからどうしたらよいか。

一、日本をこんな狀態に至らしめたのは、先に述べたやうな戰争責任者たちであるが、しかしそれは日本國民自身にそんな弱點があるからである。したがつて、戰争の責任は、國民全體が負ふべきである。そして深く其の罪を謝するところがなくてはならない。そして進んで、ポツダム宣言や多くの指令を實行し、それによつて新日本を建設せねばならぬ。悲しい敗戰を轉じて新らしい日本を建てることが、今後の仕事である。

二、この點について教育者の任務は頗る大きい。今述べた欠點を正して行くには、長い年月を要すると思ふ。が、是非しらねばならぬ仕事である。この事柄について、これから項を追うて考へて見よう

第二章　軍國主義及び極端な國家主義の除去

(一)軍國主義とはどういふことであるか。

新日本を建てるために、第一に取り除かなければならないのは、軍國主義と極端な國家主義とである。

一、軍國主義は、戰争を豫想して軍備に最も多くの力をそそぎ、國際問題までも戰争によつて解決しようとする。

二、軍國主義の國家では軍人が社會上の優れた地位を占め、文化が戰争を目的として統制され、言論や思想が、壓迫される。戰争に關係の少ない文化は輕んぜられおさへられる。

(二)極端な國家主義とはどう言ふことであるか。

それは自國を愛するの餘り國家のためと言ふ名目のもとに、國民の一人々々の幸福を犠牲にし、又他の國々を輕く見其の美點長所も見ることが出來ないやうになる。「神國」とか「神兵」とか「神州」とか、全國民が神がかりになつてゐる。

(三)軍國主義及び極端な國家主義を取除くにはどうしたらよいか。

これには第一戦争犯罪人を除くこと。

て司令部の指示による不適者を公職からやめさせる。

教育によつて永久の禍根を絶つこと。このために修身、國史、地理などの教材や取扱ひを改めること。

最も大切なことは青少年に對してはもつと平和的、民主的な方向の芽生えを延ばすやうにすることである。

軍人に對する憧れや、軍事美談や、人をなぐる習慣をやめること、や何事でも道理に訴へて解決すること。

常に上からの命令にわけもわからず、從ふことをやめて、自ら考へ自ら判断して、最も正しいと信ずることを行ふと言ふやうにしなければならぬ。

第三章　人間性、人格、個性の尊重

一、人間性を尊重するとはどう言ふ意味か。

(一)人間性とはどんなものか。

人間性とは、人間の本性といふことである。すなはち普通の人間ならだれでも備へてゐる性質、能力、欲望である。人間は一面動物である以上、衣食住の欲、温さ、色、音の感じ、喜怒哀樂の感じがある。他の一面には人間は自由な意志によつて道理に適つた生活、正しい美しい生活等も考へられる。この二つの面を抑へず歪めずのばして人間らしい生活をさせることが大切である。だから、何でよりも第一に生命を大切にしなくてはならぬ。軍國主義のやうに軍部とか特攻隊即ち米人の所謂自殺隊とかいふのは國民の愛情を「促」がすにはよろしいが人間性を尊重しない精神である。教育においてはすべての人を人間らしく生活させるために愛の仕事として續けて行かねばならぬ。

(二)人格とは何か。人格を平等にすること。

人間は、人間性としてそなはつてゐるいろ〳〵の性質、能力、要求を外から勞はり育てると言ふだけでなく、内に自力によつて、即ち自由な意志と、責任感とを以て、これらの働きを統一し、食違ひのないやうに働かせることが出來る。これを人格と言ふ。人間の人間たる資格である。人格を認められないことは、侮り、辱かしめられることであり、最も憤るべきことである。普通の人間はみな立派なひとりの人格を備へて居る。學校長、教官、小使もみんな自分の役割を自覺し、自由意志と責任によつて誤りなくその任務を盡すことにおいて、いづれも平等の人格である。

民主主義の時代では、國民は自由を與へ、責任を負はせ、心からの協力を求めて居る。幼い子供でも尊い人間であることを忘れず、人格の芽生えを育てて、それを伸ばし訓練して行くべきである。

(三) 個性とは何か、　個性の尊重と言ふのは何か。

人間が、その人自身の性質を持つてゐることが、個性である。即ち人はすべて人間性を持つてゐるが、たゞその人間性の現はれ方が、人によつて異る所が個性である。例へばすべての人は感情を持つてゐるが、ある人は明るい性情を持ち朗らかな個性を持ち、他の人は暗い悲しく感ずる性質がある。各人が夫々違つた長所短所を具へて居ることは社會生活に大切なことであつて、分業と協同とはそこに成り立つのである。人を教育するにはよく個性を認めて型に嵌めてはならない。新教育では、各人の個性を完成することを第一の目標とする。正しい個人主義は即ちそれである。これは我儘な人間を作るのではない。ひとりよがりの利己的な個人は個性を完成したとは言へない。その教育によって始めて社會の役割を完全に果し得る人間を作ることが出來るのである。國や家に於ける自分の地位や他の人々の關係を自覺して、始めて個性は完成されるのである。要するにこれからは、すべての人間の人間性を尊重し、且その平等の人格を尊重し、更に各人の個性を尊重發展させることが新しい教育目標である。

第四章　科學的水準及び哲學的宗教的教養の向上

(一)眞實を求むる心

日本國民には、合理的精神、科學的教養が低い。それで神がかりになったり、外國の實力を知ることが出來なかったりして向ふ見ずの戰爭を始めたのである。

眞實を愛する心は、人間に共通であるから人と人とが結ばれ國民と國とが結ばれる。

(二)科學的精神とはどう言ふことか。

一、合理的精神

眞實を愛する心は、物の道理に從って、物事を判斷し、處理する。これが合理的精神である。

物の道理と言ふのは原因を知って、結果を理解し、理由を明かにして當然の結論を求めることである。

例へば太陽が東から昇って西に沈むことを地球の自轉を原因として認むることや、藥罐の蓋が蒸氣のために上ることなどである。

二、實證的精神

眞實を愛する心は、又事實を愛する心である。これが實證的精神である。

人間は眼で見たり、耳で聞いたり手で觸れたりして物事を経驗しこれを尊重して行く。これが實證的精神である。

尚は、一層進んでは顕微鏡や望遠鏡を用ひて觀察し、實驗をしたり、數量的に測定したりして事實を一層精確に知るやうにする。

實證的精神によつて事實が明らかにせられ、合理的精神によつて事實に共通な道理が求められる。更にこの道理が、個々の事實に當て嵌まるかどうかを實證的に調べる。斯くの如くにして合理的精神及び實證的精神二つが、互ひに結びついて科學的精神が出來る。科學の成立はこれである。

三、自然科學と社會科學

科學的精神が働いて物理學、化學、生物學の如き自然科學が出來る。これと共に人間の社會生活にはたらくと經濟、政治、法律、倫理などの學問が出來る。

自然科學の發達によつて發明、發見が續々現はれるが、これを人間社會に用ふるときは經濟學原理や人倫道德が必要となつてくる。

新建設には、自然界の開發をするにしても又日常生活に於ても、この眞實を求むる科學的水準が高まつて來なければならぬ。

(三)科學的水準を高めるにはどうしたらよいか。

今や平和產業振興のためにまた文化生活向上のために、科學的水準を高めねばならない。それにはどうしたらよいか。

一、日常生活に科學的精神を働かせること。

何事も道理に適つたことを考へ、實際經驗を尊重する習慣をつける。

二、自由の精神を振ひ起すこと。

人々が眞實を求めるには何事にも抑へられない自由な

精神でなければならない。そしてすぐれた科學者を澤山出すやうにしなければならない。

(四)哲學的教養の必要

一、科學の土台を作るため。

二、世界を綜合的に全体として理解するため、哲學は科學の科學と言はれてゐる。一部分だけでなく、これを綜合したのが哲學である。

例へば經濟の本質はどうか、道徳は何を本質とするか、これら文化の知識を一つとして研究するのが哲學である。科學と同じく眞實を求めるものであるが、科學以上に深く立入つて、その成り立つ土台を調べ、更に廣く出て宇宙全体の本質を捉へるのが哲學である。指導者の地位に立つ人々は深く廣い考へを持つて人を導くために哲學的教養が是非必要である。

(五)宗教について

一、宗教の本質にかなつた信仰を持つこと。

世界の根本原理に關し、神佛を認め之を信仰し以つて幸福な生活を求めるのが宗教である。科學や哲學は理知的に世界の根本原理を求めるが、宗教は感情を以つてそれにふれ意志を以て之に從へるものであり、理知にそむく迷信と混同してはならぬ。宗教は理知以上のものであり、理知だけでは達し得ない所に進んで行くのである。

二、信教の自由を重んずること。

宗教心は各人心の奧で自由に働く心持である。人々の立場や境遇によつて異るものであるから、他から強ひられたり妨げられないことが大切である。だから信教の自由は重んぜられなければならぬ。

三、宗教と政治とを分離すること。

近代の民主主義では、信教の自由を人間の権利の一つとして尊重し、政治と宗教との分離を大切な原理として居る。

日本では、佛教、キリスト教、宗派神道十三派も國家によつて平等に認められてゐる。

神社神道はマッカーサー司令部から次の如き指令を發して禁ぜられてゐる。

(イ)神道のことを調べたり、廣めたり、若くは神官を作ることを役目とする公の教育機関例へば神宮皇學館の如き(は廢止される。

(ロ)公金によつて保たれてゐる教育機関では、神道の教へを廣めてはならぬ。

從つて其の教育機関で使用する教科書や、教師用參考書は神道の教へを含んではならぬ。又そこでは、神社參拜とか、その他神道に関係ある祭や儀式を行つたり、これらを助けたりしてはならぬ。

(ハ)右の教育機関は神棚其の他神社神道を表はすものを設けてはならない

以上述べた如く公の教育から宗教を引き離したのであるが、それは宗教を圧迫するのでなく、かへつて宗教の本質を尊重し各人の立場に立つて本當の宗教的信仰を持たせる為である。

第五章　民主主義の徹底

(一)政治上の民主主義

一、人民の、人民による、人民のための政治。
二、代議政治。
三、法治主義。
四、責任内閣。
五、國情と民主政治。

(二)経済の民主化。

一、財閥の解体
二、農地制度の改革
三、税法の改正及びインフレーション對策
四、勞働組合運動の發達
（以上説明を略します）

(三) 國際的民主主義について
（説明省略）

(四) 社會生活に於て、如何なる點を民主化すべきか。

一、家庭生活を民主化すること。
第一親子、夫婦、兄弟、姉妹の間にそれぞれ上下の秩序を守るのはよいことですが、その時には上の者が下の者を理解し、愛してよく導き下の者は心から上を敬ひ信じて、進んで從ふやうな自由な、自主的關係であって欲しい。家族同士が互に人格を尊び個性を重んじなくてはならない。

二、階級や「閥」や偏よった「型」を無くすること。
貴族とか、平民とか、官學とか、私學學閥々學校閥とか言ふことは反民主的である。要するに階級とか、職業とかによって狭い立場に閉ぢこもることなく廣く世間一般の人として明るく、親しみ深く交はって行くべきである。

三、國語國字を民主化すること。
國語を正しく分り易くし、國字も漢字の易しいものや假名を用ひ又はローマ字の如き世界的のものにしなければならない。

(五) 實際教育と民主主義
これからの教育家は先に述べた政治、經濟其の他社會一般の民主化の指導者とならねばならぬ。それには何と言っても自分が民主主義を實行することが根本である。

一、教育制度を民主化すること。
國家が國民の意志により國民と協力して、教育の費をあげるやうにすること。

例へば義務教育の年限を長くすること。

青年大衆のため教育をもつと盛んにすること。

男女の共學を廣く實行すること。

私立學校を助けてゆくこと。

育英制度を徹底させて、貧富の差なく教育を受け得るやうにすること。

二、教育の内容に民主主義を取り入れること。
嘗て軍國主義極端な國家主義などが、教育の中心となつたものを、反對に民主主義の思想と實行が取つて代るやうになるだらう。

三、生徒の人格を平等に尊重し個性に應ずる教育を行ふこと。
生徒を人間らしい人間として、自由と責任とを持つた人間として育てあげること。

國のためとか家のためとか學校のためとかの口實の下に指導者や兩親や教師の手段として生徒を取扱つてはならない。教師はすべての生徒を平等の人格として取り扱ふこと。頭のよしあし、家庭の貧富を見ずひとしく人間として公平に尊重しそしてよく人間らしく育てあげること。

個性の差を見て、取り扱ひを異にすることは眞に公平な民主教育である。

四、自主的協同的な生活及び學習を訓練すること。
民主主義においては各人が自ら考へ自ら判断して正しいと信ずる所を行ふことを要求する。教權をもつて強制せられた生徒は外面おとなしく素直に見えるが、その實は卑屈で氣力が欠けてゐる。

自主と協同を兼ねた自治的訓練を重んじ、之を指導することが、これからの學校の大きな仕事である。

校友會學級自治會などに生徒が主となつて働くことも

よいことである。

五、何れにしても教育上民主主義の適用は教師の活眼によつてなされることを望む。

教師の民主的教養

生徒を民主的に教育する前に、教師自身が其の修養を積まねばならぬ。その理論に通じ而して後自ら其の主義の實行家たるを第一とする。

學校の經營に當りては、學校長は特に全職員に意見を述べさせて、充分討議研究した上で事を決めること。

教員組合の組織も大きな役割を持つ。

教員の經濟生活の向上、安定さらに相互修養のために組合は望ましいことである。

但し政党の道具に使はれたり、教權の乱用に走ることを慎まねばならぬ。

教師が、政治を知り、其の動きを正しく指導することは單に教育のためだけでなく、社會國家の為めに大きな奉仕である。

第六章　結論

使命　平和的文化國家の建設と教育者の使命

(一)人間のほんとの願ひは何か。

「新しい日本を平和的文化國家として、建設しそして平和を愛し文化を求める人間を作ろう」と言ふのが、新教育の目標である

一、平和への願ひ

これは敗戦後の願ひではなく、眞に人間は平和を欲し戦争を避けるのである。

二、文化へ向ふこと。

人間の眞の望みは、文化へ向ふことである。

正しいもの善いもの美しいもの、信心深いこと即ち眞善

美等の理想を達するために生れるのが政治、経済、科學、技術、道徳、藝術、宗教に外ならない

(四) これからの日本はどんな國であるべきか。

一、平和國家——國内平和と國際平和の確立

二、文化國家——國民文化と人類文化の進歩

(三) これからの教育は、どんな人間を作るべきか。

一、文化を理想とする人間を作ること。

見童に戰爭ごっこをさせることは過去に於ける失敗であった。

これからは學問や、道徳や、藝術を發達させて、世の中のために盡す人を作らなければならぬ。科學者としてのキュリー夫人、醫學者としての野口英世、織物機械の發明者豊田佐吉、電氣王エヂソン、種痘の發明者ジェンナー、劇作家沙翁などが子供たちの新らしい理想となるであらう。

二、日常生活において文化へ向ふ芽生えを伸ばすこと。

前に述べた理想の人物を目標として日常生活に於て學校、家庭を問はず兒童の天性を伸ばすことに努めねばならぬ。

算術に熱心な子供、美しい繪をかく子供、又、積木をいぢる少年少女等をはめて漸次其の無限の能力を伸ばすことが望ましい。

(四) 教育者はどこに希望と喜びとを見出すべきか。

一、物質的生活の改善

常に物質に惠まれれない教職員を優遇して安心して天職に從ふやうにすると共に、教師自身も教員組合などを活用して、互助共勵の下にこの大問題を解決することが大切だ。

二、教育の本道を進む喜び。

今や教育は、戦争の手段たるを離れて、教育の本道に向つて進むことになつた。平和的文化國家へ自由にのびのびとその本分を盡すことが出來るやうになつた。これは教育者の大きな喜びである。

三、将來への希望

明治維新のとき、福澤諭吉は官軍と幕府軍との激しい戦ひの間にあつて、青年學徒に新しい日本の行く手を教へてゐる。この人は、世界の大勢に通じ、祖國の将來を察して希望と喜びに燃えてゐた。この先覺者こそ今日の日本の教育者の立場であり、氣持でなくてはならない。

教育は百年の計であり又、十年の計でもあり、一年の計でもある。

教育の聖者ペスタロッチの尊い精神を持つて、新教育に乗り出し、青少年を啓培し、以つて永遠の平和と幸福とを樂しむ文化日本を建設する青少年の先覺者たるを思ふとき、教育者の樂しみは實に大なるものである。

○學徒援護會より左記の手紙をつけ多数の教育関係圖書を寄贈して來ました。

一九五二年四月二十二日

「謹啓向寒の砌貴殿益々御精勵の事と拜察致します。陳者曩に沖縄に歸還した集團學童の特別支給しましたから、歸還する人々の熱心な希望がありましたので、新刊の教育圖書を御送り致しました。尚文教部宛の書籍については色々手違ひ等があつては困りますから、念の爲今迄に送つた分について概略申し上げます。第一、第二回十一月十九日貴官あて文書をつけ、眞榮城守行氏に托し、第三回山里敬福氏に、第四回仲村義永氏に托して送りました。沖縄文化再建の爲何等かの足しになれば幸甚であります。今後も歸還される人々の希望に應じ、極力續けて行き度いと考へて居ります。

財團法人沖縄縣學徒援護會

文教部長山城篤男殿

○學徒援護會は同胞援護會並に同胞有志の寄附により維持され、殊に國場幸太郎氏からは十數万圓の巨額の寄附があつたやうであります。現在高嶺明達氏が會長となり日本全國にある同胞に呼びかけ、百万圓の寄附金募集に乘り出して居ります。異郷に手離され獨學に苦しんでゐる學徒に温い手をさしのべられてゐることは全く感激に堪へません。尚今回資金の一部をさき灰燼に歸した郷土の文化再建のため多くの圖書を寄贈してくれました。すべての圖書を失つた我々にとつては全く旱天の慈雨であり感謝に堪へません。これらの圖書の寄贈について眞榮造氏・吉田嗣延氏・仲尾次嗣[illegible]泊政博氏・新垣茂氏・仲村義永氏やその他沖縄縣事務所職員の一方ならぬ御盡力に對し厚く感謝の意を表し度いと思ひます。

兒童用圖書は先に孤兒院と初等學校に配本しました。初等學校へは在學孤兒數を基準に配本しました。新刊雜誌は各校に配り新刊圖書は一部は圖書館用として文化部に分け其の他は各地区教員數に按分し別表のやうに各教育會に保管して貰ふことにしましたから各校は努めて御利用下さい。

番号	書名	著者	糸満	知念	コザ	前原	石川	金武	田井等	辺土名	久米島	粟國	渡名喜	座間味	阿嘉	渡嘉敷	伊平屋	伊是名
1	新憲法と地方自治	関口泰	2	2	2	2	1	2	2	1	1							
2	三國志	吉川英治	5	4	3	4	2	2	5	2	1	1	1	1	1	1	1	1
3	リンカンの人と言葉	辻五右左男	5	4	4	5	3	4	5	3	1	1	1	1	1	1	1	1
4	アメリカ	清水兼男	2	2	2	2	1	1	2	1	1							
5	民主憲法の構想	鈴木安藏	1	1	1	1	1	1	2	1	1							
6	胃腸のお話	堀関夫	2	1	2	2	1	1	2	1	1							
7	平和への努力	近衛文麿	1	1	1	1		1	1									
8	二宮翁夜話	立仙淳三	1				1		1	1								
9	私の綴り方	荻原井泉水	1	1	1	1			1									
10	新日本の國民教育	櫻井役	1	1	1	1	1	1	2	1	1							
11	自由人の展望	松本仁	1	1	1	1	1		1									
12	憲法と自由民權	鈴木安藏	1	1	1	1	1	1	1	1	1							
13	新法令全書（一巻）	寺澤音一	1	1	1	1		1	1									
14	自由主義	清水金次郎	1	1	1	1	1	1										
15	民主主義の理論	民主主義講座							1	1	1							
16	米人の観る東アジアの再建	春木猛	1	1	1	1		1	1									
17	國語の道	木枝増一	1	1	1	1	1	1	1	1								
18	旅愁	横光利一	1	1	1	1	1	1										
19	[illegible]	横光利一							1	1	1							
20	人間[illegible]	[illegible]							1			1	1	1	1			
21	十五人のアメリカ人	[illegible]	1	1	1	1			1									
22	母性教育論	福島[illegible]	1	1	1	1												
23	女性文化史	[illegible]					1	1	1									
24	一握の砂	石川啄木	1	1	1	1	1	1	1									
25	民主主義政治の話		1		1				1									
26	自由の問題	[illegible]ス・マン	1	1	1	1												
27	ソ聯の民主主義						1	1	1	1	1							
28	民主政治の実現	冨士徳治郎	1			1			1									
29	使命の失敗	[illegible]二郎					1	1	1	1	1							
30	生物はどうして生れたか	[illegible]					1	1		1								
31	保健食糧	[illegible]雄	1						1									
32	母と子	横[illegible]雄		1	1	1												1
33	手紙の書き方	酒[illegible]											1	1	1	1	1	1
34	日本の自由主義革命	[illegible]不富太	1	1	1													
35	全琉[illegible]教育便覧図報告書					1	1	1	1	1								
36	萬葉集講話	澤瀉久孝	1	1	1													
37	生ける屍の記	沖野岩三郎				1												
38	ふたたび	壺井栄					1											
39	リンカーン傳	澤田謙						1	1									
40	音のさまざま	栗原嘉名芽								1	1							
41	求婚時代	佐々木邦	1	1														
42	進駐兵と日本	川村[illegible]六			1	1												
43	（萬葉集の語法）	竹内隆衛																
44	一休	吉田紹欽	1			1			1									
45	澤庵	伊藤康安		1	1	1		1										

番号	書名	著者	糸満	知念	コザ	前原	石川	[illegible]	田井等	辺土名	久米島	粟国	渡名喜	座間味	阿嘉	渡嘉敷	伊平屋	伊是名
46	若き女性に贈る	河井酔	/			/			/									
47	新兒童文化	復刊第一册	/	/	/				/									
48	日本管理法令研究 第一巻第五号		/			/			/									
49	シラー傳(上)	野島正城	/		/	/			/									
50	Everyday [illegible] and Advanced			/	/	/	/	/	/	/	/	/	/	/	/	/	/	/
51	キリスト教勘どころ	松野菊太郎		/	/	/												
52	矢島柳堂	志賀直哉					/	/										
53	文學者の發言	白井喬二							/									
54	文化と昆虫	野村健一								/								
55	厂史の暮方	林達夫									/							
56	夜想	式場隆三郎	/															
57	生活としての宗教	賀川豊彦		/														
58	自然と人間	エム・イリイン			/	/	/											
59	愛犬の泪	淺見淵	/	/	/	/	/	/	/	/	/	/	/			/	/	/
60	異人屋敷	坪田譲治	/	/	/	/	/	/	/	/	/	/	/	/	/	/		
61	獸の世界	エーレン・ウェルウィン	/						/								/	/
62	小川の葦	坪田譲治	/	/	/	/			/									
63	犬の幸福	米川正夫						/						/	/			
64	紅色ダイヤ	小酒井不木	/						/									
65	帝國主義戰爭 戰後の財政[illegible]	[illegible]兵衛	/						/									
66	議会・選擧・教育	関口泰			/	/												
67	聖徳太子	亀井勝一郎		/														
68	新日本の建設	小路実篤																
67	トリスタン・イズー物語	ジョセフ・ベディエ	/			/			/	/								
70	公民教育の話	関口泰	/						/									
71	からだを護るもの	緒方富雄	/						/									
72	ウィストン・チャーチル	宮田峯一	/				/		/									
73	日本の胎教	尾形裕康	/						/									
74	合衆國行政機構		/						/									
75	水泳	[illegible]洋	/						/									
76	夢聲漫筆	徳川夢聲	/															
77	アメリカとは何ぞや	[illegible]	/					/	/									
78	日本精神と平和国家	矢内原忠雄	/															
79	骨董室	バルザック	/						/									
80	危機に立つデモクラシー	竹内雄				/												
81	煙管	新田潤																
82	太平洋漂流記	江口渙				/												
83	牡丹のある家	佐多稲子				/												
84	大發明家	松平道夫				/												
85	封建制下の文學	永積安明	/						/									
86	民法要說					/												
87	小泉八雲傳	野口米次郎				/												
88	天眞らんまん記	川原久仁於							/									

於東京一九四六年三月三十日

（聯合國最高司令官へ提出）

合衆國遣日教育使節團報告書拔萃

文教部

はしがき

一九四六年三月、日本教育視察を命ぜられた米國教育使節團（THE UNITED STATES EDUCATION MISSION TO JAPAN）は、一ヶ月間滯在して其の使命を果たし、三月三十日附を以つて、聯合國總司令官に報告書を提出したのである。

ストダード博士（DR GEORGE D STODDARD）を團長とする其の一行は、流石米國の大學專門學校教授を始め、教育界の權威を網羅しただけあつて、報告書の內容は我々沖繩教育者の參考になる点が少くない。昨年夏、米軍政府教育擔當ハンナ少佐から、其の原文を與へられたので、極めて自由な氣持で譯した中から一部を選んで、特に各學校の硏究資料として之を文教時報第三号附錄として出版したのである。

一九四七年三月五日

文教部

附記　○印を附けた標題を、本拔萃に集録してあります。

序論

アメリカ合衆國教育使節團を日本へ派遣することは、もともと聯合軍最高司令官の提案に因るものであつた。

我々一行は、戰勝者として高く留つた氣持でやつて來たのでなく、教育經驗者として、人間と言ふものは自由への、また個人的社會的の發展への可能性が無限に伏在すると言ふ信念を抱いてやつて來たのである。

何と言つても、我々の最大の希望は、子供たちにある。彼等は未來の重い使命を擔つて居るので、彼等を過去の重苦しい遺産で抑壓してはならない。それで、我々は誤れる教育を中止するのみならず、出來るだけ彼等の教育の機會を均等にし、尚ほ其の心情を硬化させることなく、知能を啓發するやうな教師と學校とを彼等に備へてやりたいと思つてゐる。滯在中は、軍關係のアメリカ人及び日本の文部省關係の人々から多くの援助と利益を得て、各地を訪問し、視察又は協議を重ねた。

日本に來て第一安心したことは、占領軍當局が、日本の自由主義的な指導者たちと協力して、すでに大部分の地均しを終へて居たことである。日本人の戰爭意慾は、一層優れた力のために挫かれ、國家主義的神道と軍國主義的侵略精神は、短刀直入な諸指令によつて、學校から姿を消しつゝある。

教科課程並びに教科書の改正は、教育界にはびこつて居た毒氣の周到なる除去と共に、順調に進んでゐるしかしかくの如き消極的な指令は、どんなに立派なものでもまだ十分でないことを、日本の教育者たちに接して、沁々と感じさせられた、彼等はかう言つてゐる。我々は自由主義、民主主義、科學及び人道主義等の語句を知つて居るが、しかし自分たちは是等の言葉の本質的な意味を知らないし、またこれを完成する迄の苦しい道程を明確に表示することも出來ないかも知れない、と。我々はどの民族でも、どの國でも、その文化的資源から自分の利益にもなり、且つ全世界をも益する何物かを創造する能力を持つてをることを信ずるものである。これこそ自由主義の信條である。我々は少しも文化を劃一的にしようとは思はない。教育者として、我々は常に新奇や創作や、自發性に關心を怠らない所であつて、これが民主主義の精神である。

我々が造り上げた種々の制度を皮相的に模倣してもらい度いとは思はない。我々の望むところは、希望と清新を生み出す源泉として、文化の花が全世界に咲きみだれることであるが、それは社會の進歩と發展を信するからである。

そこには、教師たると教育行政家たるとを問はず、苟も教育者にとつて一つの教訓が含まれて居る。即ち教師の最高能力は、自由の雰圍氣中に於いてはじめて發揮されると言ふことである。教育行政家は、教師に自由を與へ、教師は兒童に自由に滿ちた太陽の光を與へねばならない。禁止するよりも、許容すべき範圍を見出すことが、權力を持つ者の義務である。これ即ち自由主義の眞意であつて、この精神の存するところに、民主主義は根を下して居る。

民主主義は一個の教義ではない。むしろそれは人々の精力を解放して種々樣々に自己を實現せしめる最も便利な道である。

民主主義は遙か彼方にある目標ではなく、現實の自由の中にしみ込んでゐる精神そのものであると言ふのが當つて居る。そして責任こそは、自由の眞髓である。義務と言ふものは、多くの權利が互ひに自己を主張する結果抹殺し合ふ弊を取り除くものである。

互に分ち合ふ權利、或は互に分擔し合ふ責任を、平等に取り扱ふ規準こそ民主主義の根本である。ある種の民主主義では、根本方針として教會と國家とを分離して居る。それは宗教と政治が國家といふ全一的な生活に對して、各々その最善の寄與をなしうる樣に區別したのである。正しい民主主義は、此の点では宗教と相通ずるものと信ずる。即ち民主主義的精神生活を求めて行く間に、總ての人に通ずる同胞感と言ふ特色を强調すると共に、個人の尊さと價値とを强調するからである。

自由は極端に走ると無政府主義と無秩序とをひき起すやうになる。然しこれと同じやうに全体主義は個人を全体の無意義な一部として抹殺し、人間精神を破滅に陷れることに終るのである。

日本人について見るに、色々の事件と思想の兩面から致命的な衝擊を受けながらも、個人の價値を意義深からしめる方向に向ひつゝあることを、又時代の諸問題に一層人間性を發揮しようと欲して居ることを我々は信ずる。此の望みが達せられたならば、日本人に新生命が與へられるであらう。この新生命こそ、あらゆる宗教に均等な機會を與へ、且つそれ〴〵の宗教の與へるところのものを取入れるやうな新らしい精神的生命である。

教育に於いても、これ等の新らしい方向は、各段階の學校に於ける教授と學習とを伸び〴〵と進めることになるであらう。機會均等と言ふことは、男女青少年すべてに對して開放される新しい教育機關を創り出すことである。　そしてすべての學生すべての教師がこの展望によつて勵され、何をなすべきか、何を考へるべきか、どんな人になるべきかを發見するために、上を仰ぎ見るばかりでなく、自分の内に目を向け、また自分の周圍を見廻すことをになるのである。

そして其の結果當然の事ではあるが、學校は國家全體にわたる大事業を分擔し、大なる貢献をなす譯であつて、かくて有力者として、非開化主義や封建主義や軍國主義の除去に加はることになるのであらう。

一、日本教育の目的と内容

日本の教育の教科課程、學習課程、教授法及び教科書の再編をなすに當つては、戰前の日本教育制度を考察すると共に、今回新たに日本國民に與へられた自由にして民主的な政治形態を採用する機運に鑑みることが大切である。

日本の教育制度と言ふものは、その機構や教科課程の諸規定に於いて、たとへその中に極端な國家主義や軍國主義の思想が注入されてなかつたとしても、近代の教育理念に照して、どうしても改革されねばならなかつたのである。

元來日本の教育制度は、十九世紀型に據つて、高度に中央集權化されたのであつて、國民大衆に一つの教育型式をあたへると共に、少數の特權階級には、もう一つ異つた形式を備へ與へて居たものである。

日本では、各階段の被教育者に、それぞれ一定量の知識を吸收させねばならないと言ふ見地を有し、彼等の能力や興味を度外視する傾向があつた。教育上の訓令や、教科書や試驗制度並びに視學制度を用ひて、教師に職責上の自由活動をする餘地が極めて少なかつた。

文部省の役員とか、各府縣の學務關係の職員は、どれ程博學であり、學者であつても、教育上の專門的準備教育もなく、教育や教室での實際經驗ももつてゐないと言つてもいゝ位である。

忠義の心とか、愛國心とかは、何れの國でも、惡いと言ふ譯ではない。要は如何にしてこの精神を合理的な代價を拂つて確保するかにある。無批判的な服從を、強い盲目的な自己犧牲を拂ふことは餘りにも高價な代價である。各個人の知性は、物々交換に用ひるには、餘りにも高價なものである。

かく論じ來れば、日本の教育組織は、生徒兒童を將來實生活に活動するやう、素能を作ることは出來ないのである。何故かと言へば、これ等の目的と言ふものが、學習する者に、全然理解されてゐないからである。まるで塹壕で圍んだやうな、官僚政治に統制された日本の教育制度は、一部の狹い範圍から人物を簡拔し實力で昇進して行く機會をなくし、研究や調査の機會も與へず、批判を全然許さず、其の結果自分の手で進歩の道を奪ひ去つてしまつたのである。不信は不信を生む。文部省は、明らかに各層の教育者側の知能に信用を置かなかつたために、教育者は、文部省で指導力に信頼を置かなくなつたのである。

幸ひにして、組織化された統制が、必ずしも組織化された精神を產み出すことでもない。日本の教師たちは、我々使節團の眼に影じた限りに於いては、批判的であり、不安を感じて、文部省以外に指導力を、求めて居たのである。

教育者の間に、不安の感じの起るのは、全部がその憐れむべき經濟狀態のためではなく、指導者を欲求し新日本建設に參加する機會にありつきたい純な氣持から起つて居る。

統制及び壓迫を受けつゝ自ら思をめぐらしつゝある教師たちもあり、中には日本教育の向ふべき方向を覺りつゝある教師も少くない。かくの如き教師たちは、正しい指導から來る刺戟と獎勵とを期待してゐるのである。

教育の目的、教科課程、學習課程、教授法及び教科書などの事項が、考慮されねばならないのは、まさに此の方面から來るのである。古い型の教育は、上の方から下の方へ向つて組織されて、その本質的特色は、權威主義であつた。新らしい型の教育は、出發点は個人であつて、今や各社會層の人々から根强い支持を受けてゐる。

追つて分ると思ふが、教科課程の諸問題は、これ等新舊教育制度の各々に異つた色彩を帶びてゐるのである。

日本教育の再建を圖るに當つては、民主主義教育の哲學原理を明かにすることが、絶對に必要である。

いくら民主主義と言ふ言葉を繰り返しても、これに内容を與へなければ、無意味である。民主主義による生活のための教育制度は、個人の價値と權威を認める点に基礎を置いて居る。それは、各人の才能と資質に應じて、教育の機會を與へると言ふ組織になつて居る。

この制度は、教授内容と教授法を通じて、研究の自由を育成し、また批判的に分析する能力を訓練する。そして生徒の發達段階に相應する範圍に於いて、實際上の事柄を廣く討究することをすゝめる。

もし學業と言ふものが、きちんと定められた課程と各科目について認定されたゞ一つの教科書に限られるとしたら、以上の諸目的は達せられるものではない。民主主義では、教育の成功するか否かは、劃一とか標準化とか言ふ言葉では測定出來ない。

教育は、個人が社會の一員として責任を果たし、且つ協力するやうに準備してやらねばならない。さて個人と言ふのは、少年及び少女、男子及女子に同樣にあてはまる言葉であると心得ねばならない。

新日本の建設にあたつては、各個人が一個の勞務者として、公民として、また人間として發達する樣な知識を必要とするものである。この知識を各人は、複雜多樣な社會の局面に參與する一員として、自由探求の精神を以つて、活用する必要があらう。

このことから、當然來ることは、文部當局は教授の内容や方法や教科書などを規定すべきでなく、只教授要綱や參考書や教授指針の發布などの仕事をすればよいのである。これらの專門的仕事の準備が充分完成したら、あとは種々樣々の環境にある生徒の要求や能力に相應する教授の内容と方法を教師たちに一任すべきである。

日本の教育を改新するには、軍國主義及び極端な國家主義、その他教育上避けねばならぬ諸点を完全に取り除くと言ふやうな消極的な方面のみならず 教育の新計畫を豐富にするやうな、文化の諸方面を深く評價する積極的方面をも含むのである。例へば歴史・倫理・地理・文學・美術・音樂等の如き科目において、日本と他の外國との協力を增進するには、どれ丈保留すればよいかと言ふことに考慮を拂はねばならない。

教育は空虛の中では行はれないし、また一國の過去の文化と全然かきはなれた教育も考へられないものである。現在のやうな非常時に於いても、何かある連續の部面がなければならない。

日本の教育に關係して居る總ての人のなすべき事柄は、日本文化中、新日本の計畫に力となるべき人間的思想を發見するために、文化的傳統を檢討する事である。

ここに日本國民は、忠義と愛國心に正しい意味の、且つ奬勵すべき基礎を見出すであらう。「知識ヲ世界ニ求メ」と言ふ明治維新當時の訓諭は、大に重んずべきであるが、絕へず新しい文化を取り入れるために、二重文化になる欠点を除くために、今迄の優れた國民文化の自覺中になにか一つの據るべき實体を見出さねばならぬ。

教育の目的に關する論議の根本は、教授の自由、討議の自由と言ふことが、單に日本文化の保存のみならず、之れを豐富にする爲めにも、一層奬勵されねばならないと言ふことである。事實と神話の區別、現實と空想の關係を明かにする能力は、批判的分析をなす科學精神中に於いて、十分の發達をなすものである。

衛生教育

衛生の教育は、初等學校では、ほんとに無いと言つてもよい位で、生理學や衛生學は、實際全然教へて居らないのである。

學校の身體檢査については、完全な基準と方法とを確定するために、醫療團体が研究を進めて行かねばならない。調査によつては、教師たちが、立派に補助員となる事も出來るのである。

醫科方面の學校では、學校の色々の計畫を進める間に出て來る種々の要求を、見識深い醫者たちに知らせるために、簡單な全体科（學校經營の全体を知らせるための課程）を授ける必要がある。次に醫者・保健婦・學級受持教師・生徒及び父兄を含めて、継續的の醫學的調査の計畫を組織しなければならない。

教育當局者の一致する意見によると、學校に於ける衛生教育には、細菌學・生理學・公衆衛生法・基本的實際的要素を取り入れることは、個人的並びに家庭的保健の實際と共に必要なる項目とされてゐる。

例へば、榮養のこと等はなるがまゝに任せると言ふ譯には行かない。生徒たちは、明確な指導と、實地指導が必要とされる成人の衛生教育についても、留意せなければならない。何等の衛生教育を受けて居ない多數の成人を指導するために、この方面にも公開教育を一層擴げて行くことは賢明な策である。隣組制と言ふものは、此の点に於いて有望な範例である。

各學校における衛生教育委員會の如きはその關係問題に教師たちの經驗を持ち寄れば、其の協力によつて生徒・父兄並びに一般社會の人々に便益を與へることが出來るのである。

更に上級の學校になると、榮養・衛生及教育方面の專門家たちが、最新の資料を提供すべきである。學校衛生は、直接の必要と永遠性の必要と二樣の場合があるが、何れにせよやり甲斐のあると言ふ点では、此れ以上のことはないのである。健康に惠まれた子供等の顔を見ると、常に氣持のよいたのもしい思ひ出に滿たされることは、かくの如き人類の幸福を決定する方面に貢献した偉大な一歩を殘した人々の努力である。

然るに、茲に一つの重大問題がある。我々が爲すべきことでもなく、またどうも逆說的なことだが、衛生狀態の實質的改善と共に、益々强調される問題は、出生率の高いと言ふことと、死亡率の低下するにつれて、人口增加と言ふことの起ることである。

此の問題の解決のために、生物學・社會學を代表する日本の科學者を以て組成する優力な委員會が、眞劍な研究を開始するやうおすゝめしたい。

体育

身體を强くし、且つ均齊のとれた發達を圖り、且つ體技を指導すると共に、學校は須らく競技精神と共同動作に、本來包含する價値を認識すべきである。

競技及び遊戲は、家庭や通行止の街路を利用出來るのであるから、あらゆる努力を惜まず盛にすべきものである。而して出來る限り、男女共學の式でやり、設備は決して高い費用をかけぬことである。体育に充てる時間は、初等學校でも中學校でも特殊學校でも充分にある。

大學では、長時間充分なる身躰の休養を取ることなしに勉强をつゞける傾向があるので、體育の日課を授けるべきである。女生徒の体育を擔當し、且つ其の改善を進めるためには、一層多くの女教師を採用すべきである。

體育施設の改善は、何を置いても爲すべきである。新しい教授への參考書は、教員委員會が之に當り、教師の訓練法は、衛生・体育・休養に關する最新の知識に照して改善を要する。

青年の活動を增進するために、体育協會・非軍事的體育團体及び青年の團体組織を奬勵したい。體育に關しては、日本は進歩し得る立場にあることを確信する。其の組織は、多くの点に於いて優秀であり、また人の課題に於いても、西歐諸國に比して、少しも劣つて居ない。民主教育を打ち樹てるについて、寄與し得る可能力は、實に偉大である。

職業教育

日本では、其の家庭を、市町村を、工場及び文化施設を再建するために、教養ある頭腦と共に訓練された手を必要とする。

日本で民主主義を一層確かに打ち建てるために、最も有力なものは、熟練した、また職場に働いてゐる物わかりのよい勞働者の一團である。それこそ産業上の財産たると共に、立派な德義上の財産とも云ふものである。かくの如き民主主義の防壁を築き上げるために、日本の教育家たちは、頭腦のみを使つて働く勤勞者と同樣に、道具を手にして働く勞働者を尊敬する樣な思潮を作り上げることに、力を盡さねばならない。創作力と感應性とは、古今を問はず學者の專賣物ではない。かゝるが故に、初等及び中等の學校に於いて、社會研究を進めて行く時に、職人や勞働者のもたらす貢獻と、其れに關する諸問題とに重点を置くやうすゝめたのである。そしてこの方面の指導に當つては、立派な訓練を經た教職員の指導の下で、各種の職業的經驗をつむことの出來るやうでなければならない。

二、國語の改革

國語は國民生活に極めて密接な關係を有する有機的存在であるから、外部の人が之に手をつけることは危險なことである。それと同時に、あまり密接な關係を有するために、內部からのみ、其の改善を圖ることも至難になつて來る。

茲に中間の行き方がある。と言ふのは國語改良の完成は、國內から之を圖るべきであるが、其の事業の開始に當つては、外部からの鞭撻は、何れの方面から來るとも、之れを受納れなければならない。かくの如き友情の氣持を以つて、提案するのであつて、この時代に之を開始すると、次代の人々から必ずや感謝されるに違ひない事業である。吾々はこの責務的觀念からのみ、茲に日本の國語國文問題の根本的改革をすゝめる次第である。

國語の改良は、確かに根本的で、且つ緊急の事柄であつて、初等學校から大學教育に至るまで、あらゆる教育計畫の分野に、實質的の影響を與へるものである。

もしこの問題が滿足に解決されないとすると、どんなに一般に贊同を得た教育の目標があつても、其の達成は困難となるのである。例へば他國民の理解を深めて行くことも、また國内の民主主義を促進することもすら〳〵進行せないのである。

國語は、學校教育時代は勿論、其の後一生を通じて、學問上の一大要素である。日本人は、他國民と同じく、音標記号及び文字を使用して思考をなすのである。教育の全過程及び能率と言ふものは、これ等記號の性質に依つて、甚大な影響を受けるのである。日本語は、その文字が、學問上の一大障害となつてゐる。

漢字を一々憶へて行くことは、日本語のその大部分が、それによつて書き表はされてゐるだけ、兒童・生徒に大なる負擔になると言ふ事實は、あらゆる識者の齊しく認むるところである。初等教育時代に於いて、兒童達は其の時間の大部分を、只文字を憶えたり、書いたりする方面に費さざるを得ない。この幼少時代は生活の必須の言語及び數學の技術並びに自然的人間社會に關する基本的知識の習得に、多くの時間を當てねばならないのに係らず、此等文字の習得に、並々ならぬ苦心をして消耗し盡してゐるのである。

漢字の讀み書きに、かくの如く過度の時間を充てたに係らず、其の結果を見ると、全く失望せざるを得ない。初等學校を卒へても、生徒たちは民主的公民に、必須なる言語上の能力を十分備へて居ない狀態で、毎日の新聞や普通雜誌を讀むことすら困難である。一般に彼等は、時事問題とか、現代思潮を取り扱つた書物を讀解することが出來ない。とりわけ學校卒業後に、彼等は讀書を自己發展のやさしい手段とするに足る程の技能すら、習得し得ないのが普通である。しかも、日本の兒童の凡そ八割五分は、この時期に義務教育を終へる。あとの一割五分は、中等學校に進むのであるが、國語問題は彼等に殘されて、文章を書き表はす記號を習ひ憶えるため、果てしない仕事に苦しみ續けるわけである。いつたい意志の表現や、交換をする手段のために、かくもむつかしい時間つぶしの贅澤な教育をしてゐる國民が、現今世界のどこにあらうか。

國語改革の必要性は、日本とても久しく認められてゐるのである。著名な學者達が、この問題に多大の關心を拂ひ、文人とか新聞雜誌の記者たちの如き、多數の有力な民間人が、色々の實現性のある方法を研究して來たのである。

大ざつぱに云つて、文語の改革に三つの案が論議されて居る。

第一に漢字の數を減ずること。

第二に漢字を全廢し、ある種の假名を採用すること。

第三に漢字及假名を全廢してローマ字を採用すること。

これ等三案の何れを採るべきかといふことは、易い事ではない。しかし歴史の上から見たり、教育上、または言葉の分析から見ると、おひ／＼漢字と普通の文語からすべて取除いて、音標文字を用ゐるべきだと使節團は信じてゐる。

かういふやりかたが、比較的採用しやすいのであり、實際教育全体の運營を容易ならしめる筈である。辭書やカタログ・タイプライター・リノタイプ機及び他の言語補助機關の使用を簡單ならしめるであらうもつと大切なことは、日本人の大衆に美術。哲學及び技藝に關する書物等に接觸せしめることである。尚ほ外國文學の研究を容易ならしめる。

漢字に含まれる美術的價値、其の他の價値といふものは、音標文字では充分に傳へることは出來ないと云ふことは、吾々もこれを認めるのである。しかし一般の人々は、國內國外の事柄に深く通するためには、讀み、書きに、もつと簡單なやり方を與へねばならない。

統一的で實際的な計畫と云ふものは、急には行かないが、今は手をつけねばならない立派な時である。使節團の判斷では、假名よりローマ字が便利であるし民主主義的公民及び世界的理會の發展に資すること大なるものである。

實際上、隨分困難が內在し、また多くの日本人の側では、躊躇するだらうと思はれるし、且つ、革新と云ふことは重大なことであると知つてはをるが、吾々は次の如く提案したい。

1 ある形のローマ字を日常生活に出來るだけ取入れる。

2 日本の學者敎育指導者及び政治家から成る委員會の手によつて、特定のローマ字を選定すること。

3 この過渡期において、委員會が言語問題を整へてゆく責任を持つこと。

4 委員會は計畫をたてゝ新聞・雜誌・書籍及び色々の書き物を通じて、ローマ字を學校や社會生活國民生活に取入れること。

5委員會は、もつと民主主義的な言葉を産み出す方法を研究すること。

6兒童の勉學時間が絶えず空費するのを見て、委員會を即時組織すること。適當な時期に於いて、完成した報告書と、内容の充實した計畫をたてられたきこと。

この一大事業を引きつけるために、任命された國語委員會は、發展して遂に國家的言語研究協會となり、この新らしい形を用ひるためた、來る學習過程の上に、豐富な材料を集めることになる。

かくの如き協會には、他國から學者が集まつてくるだらう。それは日本の積んだ經驗の中に、全世界に普遍的に有用な理念が發見されるからである。

今と云ふ今は、此の重大な革命をなすに都合のいゝ時期であつて、近い將來、どんな時期でもこれの上の好期はくるまいと思ふ。

日本人の眼は、未來を眺めてゐる。日本國民は國民生活上から見ても、世界人として轉換すべき方面から見ても、新しい角度に動いて、交通の上簡單有効なる方便を要求してゐるのである。これと同時に、戰爭のために刺戟されて、多くの外國人間に、日本の言語及び文化の研究熱が高まつて居る。この興味を持續し、滿すために、新しい文体が生れなければならない。言語と言ふものは、大道でなげればならぬ。障害路であつてはならぬ。

世の識者は男と言はず女と言はず、この世界に永久の平和を來すことを念願し、どこでも國民的孤立や偏狹の觀念を啓培するやうな言語上の援助は、打ち破らなければならないと言ふことをよく知つてゐる。ローマ字を採用することは、國境を超越して知識及び思想の普及に大きな貢献をなすものである。

三、初等學校・中等學校の教育行政

一、基本的教育原理

學校は、各個人を助成して家庭的・公民的・社會的な強い忠實な精神を養ふべきである。學校は黨派心を養ふべきでなくて、探求心を啓培すべきである。思想・通信・批評の自由に基いて、ものわかりのよい公民を養成することが、教育の重要なる成果といふべきである。

根本的變革

もし日本の學校が、民主的、平和的生活を進めて行くために、責任を充分分け擔ふべきであるならば、學校はある根本的な点に於いて、是正を要すると我々は信ずるのである。先づ第一に勸めたいことは、新らしい理念と、新らしい方法と新らしい機構とが、日本の諸學校に取入れられねばならない。これがためには、人間の人格がすべてのものに比して、最も重要なものであり、國家はその目的を達成するための手段であると認めるやうなやり方によつて、なし遂げられるものである。

このやり方へ向ふためには、第一、公立諸學校に於いて、政治的にも、宗教的にも黨派的教育を廢止することに賛同するのである。日本の學校制度は、從來隨分批評の種になつてゐた。この制度は、全体を通じて多くの面に於いて、樞要な地位は何等教育的訓練をうけて居ない人々によつて占められてゐるのである。多くの教育關係官吏が、內務大臣又はその代行者によつて任命され、またそれに對して責任をおびてをるのである。この管轄問題について、我々は日本の教育計畫に、二つの變革を勸めたい。第一學校職員中、教授・教育監督者・教育行政家のやうな人物は、教育者として立派な資格を有するものであつてほしい。そして教育機構の一部として設けられた人物、又は機關に附與された權限によつて、其の地位に任命されるべきものであつてほしいのである。第二教育計畫の管理は、現在よりももつと分散されるべきである。また天降り式の縱の權威と責任とは、教育制度のどの段階においても、徹底的に打破されねばならぬ。

教員の俸給

全段階を通じて、教師及び學校職員の俸給は、その職務の重要性に比して斷然低い。學校の任務外の內職稼ぎ、又は家族手當なしには相當の生活水準を保つことは出來ない。中央並びに各府縣の教育指導者は、教職員にたいして正當な最低俸給額を定め、それに應じて適當な法規が制定されることを切望する次第である

四、授業と教員養成

良い授業の特質

良い授業と云ふのは、希望する目的を最も効果あるやうにやりとげる授業である。その目的が民主的のも

のならば、民主的のやりかたを賢明にやつて行くことである。一般に云ふと一學級の兒童數を少くすること及び設備の整つた實驗室・圖書室・體育館・運動場及び特別敎室などをもつことに依つて望ましい授業がすら〳〵と運んで行くのである。ラジオ・蓄音機・撮影機なども、しば〳〵有效である。敎師は、十分な自由が與へられると、學校以外の多くの施設を利用して、生徒の學力を豐富ならしめるであらう。農場・工場・役所・圖書館・博物館又は病院の如きは、敎育上多くの機會を提供するであらう。民主的敎育の特色とするところは、生徒の個人差を認め、個人に內在する能力の啓發に力を注ぎ、そして遂に社會團体の間に重んぜられ有爲の人物となることを終局の目標とする点である。

以下は全譯をさけて、項目毎に概要を紹介することにする。

一、個人差の重視

民主主義では平等を尊重するが、それは決して畫一的同等と言ふことではない。無論宗敎・人種等の相異は學校に於いては無視される。敎育上の機會均等は、總ての人に與へられるべきである。しかしこれからの學校は、テスト其他の方法によつて、生徒の知力の程度を見出し、これに適應する敎育を施すのである。農村出と都會出の如く、興味を異にする生徒にも、それ〳〵實際取扱ひを異にせなければならない。男子と女子との知力の相違も、殆んどなく、兩性を同じ所で育て上げると、其の結果は、自然的であり、有益でもある。

二、個性の啓發

敎師のきめた標準に、生徒を絕對的に服從させることは、敎育上望ましい發達を促すものではない。敎師が話をする、生徒は之を聽いて、これをおほむ返しに發表すると言ふ空氣は、生徒の成育にとつてはよくない。創意・獨創の力は、生徒が發問し、知識を各方面に求め、自分の考へを團体の批判に委せ、事柄を理性の光に照らして解決することによつて生れるものである。

三、公民敎育の實施

日本で「修身」とか、「公民科」と呼ばれるものは、アメリカでは、「社會科」と言はれて、政治學・經濟學・社會學及び倫理學を學習者の發達程度に應じて、適當に按排したものである。次に宗敎は、倫理的體系を提唱してきた。しかし各宗敎それ〴〵特色があつて、しかも相互に相容れない宗敎上の信條を持つてをるので、リカでは、宗教教育を學校から除外してをるが、まことに賢明なやりかたである。さうだからと言つて上級において、宗教の信條を教へ込まずに、色々な宗教を研究することまで排除するものではない。生徒は、其の年齢に従つて、地方の産業や政治の事を學ばねばならない。初等學校及び中等學校では、生徒は事業會社・銀行・商店・警察署・消防部又は諸官廳を見學して研究の參考にすべきである。寫眞や映畫を利用することも望ましい。生徒の道義的態度とか、品行などを良くするには、音樂團の如きも價値の大きなものである。齊唱隊・話誦團・樂隊・オーケストラ、又は合奏などは、それに含まれてゐる美的價値の外に生徒に快樂と望ましい社會的目的とを結び付けてくれるであらう。同じく學校劇の演出、遊戯及び人形芝居などは、多種多様の才能を要するが、教育上それぐ寄與することが多い。この外團体試合や競技などは、責任を分け合ふ精神、他人に對する尊敬の美德、苦境におけるスポーツ精神を養ふもので、單なる教訓的な方法から得ることの出來ない意義と實益とを與へることになる。

四、教師の再教育

日本の教育者は、民主的教育に取りかゝる準備のため、二ケ年計畫を以つて、再教育をしなければならない。それがためには、左の方法をすすめたい。

1 校内研究會

學校毎に、學校長の支配に任すことなく、自由に諸問題を討究すること。

2 移動隊又は實驗教育者の巡回

民主教育法に通じた良い教師を以つて之を組織し、次から次へと巡回して各地方の教師を激勵し、助力を與へるやうにする。

3 師範學校附屬の學校を活用する方法

附屬學校は、新方法の運用に習熟した教師を採用して、立派な方向を樹て、次に各地よりの教員を集めて再教育し、これ等の教師は、それぐの地方へ歸つて、他の教師に之を傳達し、その指導をなすことである。

五、教師のための出版物

專門の出版物は、教師の研究のためにもつと澤山出なければならない。それには、通信教授を一層發達させる必要がある。

六、監督者

日本の視學は、其の專門的資質を思ひ切り高めて、その職務は、教員の指導者及び援助者としての監督者でなくてはならない。

七、海外視察

日本の教師は、近き將來において、自由に外國を旅行し、研究することが出來る。そしてすべての聯合國との交換教授も可能であらう。

八、教師の福利增進

もつと研究及び旅行の餘暇を與へ、教員の俸給を適當に引き上げねばならない。

九、教師の養成

各種類の學校教員を養成せねばならない。　初等學校・中學校・實業學校・青年學校及び大學教師すべてに及ぶこと。學校長・視學官・各府縣の學務課長・文部省の役員なども教育的訓練を受けるべきである。

教師の教育に三つの要件がある。

第一言語及び教授手段の習得等を含む一般的教養・文學・藝術を含む現代文明の理解、現代世界における科學の位置に就いての知識、及び現代國民の直面せる經濟的及び政治的問題に就いての理解。

第二、教へる科目の知識。

第三、教育者としての專門的知識。即ち比較教育史　社會學的知識・教育制度・兒童に對する知識等は目下初等學校教師のみに教へて他の教師には實施されてゐない。

十、師範學校における教師の養成

師範學校における教科課程は、教師を個人として又公民として教育すべきであるから、自然科學・社會研究・人文學及び藝術の如き一般教養に力点をおくべきである。

十一、成人教育

平和と世界協同を目的とする一般國民の教育には、立派な指導者が必要とされる。これに當る人は、民主主義をよくのみ込み、指導性と社會的經驗の点において有能な士であつてほしい。成るべく日本の高等の學府から抜擢されねばならない。この事業の諸問機關を作つて、教育・勞働・產業・新聞・青年などの代表者を委員とすることが望ましい。學校は、成人教育に大きな力となる。學校内に夜學を置くこと、父兄教員連絡會、討論會や公論場として、校舍を開放することなどは有益である。

十二、公立圖書館

東京に中央圖書館を設け、各府縣にそれぞれ立派な支館も設けて東西文明の知識を求むる人々の利益を圖るべきである。兒童讀本を譯山蒐集すること。

十三、博物館

成人教育のためには、特に必要である。科學工業博物館・歷史博物館・美術博物館などが設けられねばならない。

十四、高等教育

官公立高等教育機關卽ち專門學校・高等學校・大學校などには、學校聯盟が設立されねばならない。そして各學校を代表する日本教育界の尊敬すべき教育者を以つて、聯盟の委員會を組織し、あらゆる重要問題をこゝで決定し、各校はそれによつて緊密に協同するやうにせねばならない。例へば圖書館の利用とか、教授の交換の如き問題がそれである。現在の如き場合に於いて、もし公共の資金が戰爭による損害の恢復に利用出來る性質のものならば、これは公立とか私立とかを論せず、全大學に平等に配分せらるべきである。それこそ前述の委員會に諮問して文部省が行ふべきだと思ふ。高等教育では、教授に學問の自由と經濟的保證とを與へねばならない。恩給制度や退職賜金も、現在の通りに續けて行くべきである。

APPROVED BY OKINAWAN MILITARY GOVERNMENT EDUCATION DEPARTMENT

(DATE MAY 10. 1947)

一九四七年五月十日印刷
一九四七年五月廿日發行

著作發行 沖繩文教部

印刷者 八重山民政府商工經理部印刷課

文教時報　第四號　一九四七年六月十七日

新教育指針大要（承前）

はしがき

新沖繩建設に重大なる役割を持つ教育者のために、第二號で新教育指針の大要を紹介しましたが、第二號では、その前篇第一部新教育建設のために何が大切かといふ理論で終りました。本號では、その第一部後篇、新教育の重點はどこにあるかといふ理論を摘出することにしました。

讀者は第二號と對照熟讀の上、或は兒童生徒の錬成指導の上に、或は一般成人の教養啓發の上に、參考資料として熟讀せられんことを切望します。

文教部

目次　前號參照

第一部

後篇　新教育の重點

第一章　個性尊重の教育

(一) 教育は何故に個性の完成を目的と　るか。

新教育の重點の一つとして個性の尊重を取り上げ、教育の目的及び方法の兩面から之を考へて見よう。

一、個性の完成は、人生なるものを目的にかなつた幸福なものとする。

教育の目的とする人間を人間らしく育て上げるといふことは、人間性をおさへずゆがめずに發展させて、りつぱな人間に仕上げることである。しかしこの人間性のあらはれ方は、それぞれちがつてゐて、こゝに個性が成り立つ。そこで人間性をのばすといふことは、個性をのばすことである。

教育が個性を完成させるといふことは、その長所をかばし、短所をあらためて、その人のねうちを實現させ、この世におけるその人の役目をはたさせ、幸福な人生を送らすことにある。

二、個性の完成は、社會の連帶性を強め協同生活をうながす。

個性を完成するといふことは、ひとりぼつちの人間にすることではない。社會的生物である人間には、當然たがひに協力し助け合つて生活する能力をもつてゐる。個性を

完成す　といふことはこのやうな能力を發展させることとを含む。これによつて、他の個性とのつながりも強くなる。即ち社會連帶性が強くなつてくる。

また人々は個性を完成するにつれて、ますます社會の協同生活を要求して　る。自分の個性を完成するといふことは、それに應じて社會に義務と責任とをはたすことである。かくして人々が個性の完成を通じて社會の協同生活に奉仕することになる。

三、個性の完成は社會の進歩をうながす。

人間性は限りなくゆたかな可能性を含んでゐて、時代の進むにしたがつていろいろのすがたであらはれ、しかもそれがだれかの個性としてあらはれる。そこで社會が進歩するためには人々自由にその個性を發展させるやうにしなければならない。かくて個性を發展させることに教育の重點をおき、それによつて社會の進歩をうながすのである。

(二) 教育の方法において、個性を尊重するにはどうすればよいか。

個性尊重の教育は、個性の完成を教育の目的とするとともに、個性に應じて教育することを教育の方法として重んずる。

そのためには、次のやうなことがらにつとめなければならない。

一、生徒の自己表現を重んずること。

どんな場合でも、自分の考へてゐること、自分のよいと信じてゐることを、はっきりと言葉や行動に表はすやうな習慣をつけることが大切である。之は個性觀察にも役立つ。

二、生徒の個性をしらべること。

後天的影響によって得られた性質や能力を用ひなくてもできるやうな、單純で根本的なはたらきをやらせて見れば、先天的素質に近いものを見出すことができる。職業指導につかふ適性檢査は、先天的素質をしらべることが含まれてゐる。

しかし後天的影響をふくめた個性をしらべるには、常に生徒と生活をともにしてゐる教師が、生徒のはたらきを直接に觀察することが大切である。又生徒の作品、親や友人の報告、生徒自身の反省で語る報告などを通じ間接に知ることが出来る。

右の方法で得たものは、適當に分類し整理して、個性調査表に記入し、之に記入された各方面の特色を、生徒の全体としての特色をとらへるやうにつとむべきである。

三、教材の性質や分量を個性に合はせるやうに工夫すること。

初等教育のとくに低學年のときは、すべての生徒に、一定の教材を學習させることが必要だが、方法上の工夫で、喜んで學習するやうに仕向けねばならぬ。學年の進むにつれて同じ性質及び分量の教材を強ひることなく——共通に學ばせる必要な教材もあるが——各自の興味や能力に應じて自由に利用し得る教材があり、教師もそのやうな教材を用意すべきである。かくて教師は、共通必修の部分と、自由に選擇し得る部分とを前以て分けておくべきである。

四、學習及び生活訓練において、個性を重んずること。

協力的學習と共に、同じ問題を協同して研究し、各自の長所をはたらかせて、討議法のやうな協同學習の方法をとることも望ましい。

さらに校友會や學級自治會などの仕事で、自分の長所をはたらかせるやうな仕事を分担し、協同の仕事を分担するやうな方法もとるべきである。なほ教師は生徒各自の個性に應ずるやうな態度をとることが必要である。

五、進學や就職の指導に個性を重んずること。

この場合は適切な方面に指導することが大切で、決して目前の利害とか、兩親の都合とかに動かされることがあつてはならない。それが社會のためにも兩親のためにもなるのである。

第二章　公民教育の振興

(一)　公民教育は何を目ざして行はるべきか。

社會と自分との關係及び自分と他の人々との關係をよく理解し、自分の地位と責任とを自覺し、自分の本分を果して社會のためにつくすやうな人間をつくるのが、公民教育である。

新しい出發の公民教育は本來の正しい意味における「修身」と「公民」とを人間の本當の在り方にもとづいて、一つにまとめたものである。　即ち人間はだれでも進んで自律的に正しいこと善いことを求める道徳心をそなへてをりしかも人間はすべて社會生活をするものであるからその道徳心が社會における人間の正しい善い在り方としてはたらかなければならない。　このやうなはたらきをすなほにのばしてりつぱな社會人をつくるのが、公民教育の目ざすところである。

(二)　公民教育の主な内容は、どのやうなものであるか。

右に述べた目的を達するためには、公民教育としてどのやうなことがらを取り扱ふべきであるか。

一、人と社會

人間とはどんなものか。社會における地位は、そして役割は、どんなものかを自覺させることが必要である。身体と精神とを一つに統一してゐる人間、自由な意志で心身のはたらきを支配し調和させてゐる自主的な人格としての人間、そして協同生活をしてゐる人間――かうした人間は、自分の生活が他の人々の生活にいかに關係してゐるか、自分の行ひが他の人々に及ぼす影響、自分が社會に對してまつ大きな責任――などを十分に理解させ、自覺させること。

二　家族生活。

人と社會との關係を、生徒の主な社會について、實際に指導するのが公民教育の仕事である。そこで先づ家について、父・母・兄弟姉妹の關係や家における衣・食・住の生活などについて、正しく理解させ、深く反省させ、りつぱに實行させねばならぬ。

三　學校生活。

若い生徒にとつて最も影響の多い社會生活である。ここは學校外の社會と關係を保ちながらも、とくに教育の目的にかなふやうにつくられた社會である。生徒はこゝでおほよそ社會生活に必要なことがらを、基本的な形で學ばねばならない。即ち學校といふ社會が生徒の人格を尊重し、幸福を增進すること、生徒は協同生活の秩序や規律を守るべきこと、生徒の健康・知識・技能・情操・德性などを向上させること、自分の利益の追求で他人の利益を害してはならぬこと――これらの事柄を生活の實際について理解させ實行させること。

四　社會生活。

生活環境たる隣組や市町村などの身邊の社會から、廣く一般について、その社會における分業と協同の狀態、色々のならはし、地方自治の正しい運用、公益の必要なわけ、各種の社會問題とその解決の方向などを理解させ、かつ實行させること。

五、國家生活。

國家のしめる地位の重要性、近代國家發達の經路、政治の色々の形、とくに民主政治のあり方、國家の經濟的機能と國民經濟と世界經濟との關係はなどについて精確に理解させ、これによつてこれを生活の仕方のうちにしみこませ、生徒の日常生活を指導すること。

六、國際生活。

國家が國際社會のうちにおかれてをり、人間は國民であると共に人類世界の一員であることを考へさせることと、他の國の政治形態を、國民性や歴史との關係で理解させ、他の國民生活の仕方がそれぞれ意味があり、目的にかなつてゐることを認めさせること。自他國民の自由を重んじさせること。さらに世界永遠の平和を保つための仕組に對し、どんな責任を負はねばならぬかを知らせること。

(三) 公民教育は如何なる方法で行はるべきか。

一、實際生活を指導すること。

公民教育の目標ともなり、また常に土臺となるものは、實際生活の指導である。學校において直接に指導することのできるものは生徒の學校生活であるが、家庭や社會の生活も學校で反省や討議の材料とすることによつて間接に指導することができる。

二、自治の修練をすること

相當の年齢に達した生徒に、級長や組長の選擧當番勤務などにより協同生活の指導や世話の修練をさせる。また寄宿舎・圖書室・農場・消費組合などの自治的經營をさせるのもよい。更に遠足・見學旅行などの計畫には生徒を參加させ、校友會の文化又は体育活動など、生徒の責任で運營させるなどが望ましい。校長や教員は、助言者の地位に立つことが自治修練に必要である。

三　知的な指導に各種の方法を工夫すること。

實際生活を常に土臺としながらも、公民として必要な知識を得させるためには、それに適する方法をとらねばならない。先づ教師の説話や講義による方法は、その内容を生徒の關心の深いところから選ぶこと、その重點を明かにし、順序を正して話すこと、そして生徒に暗記を強ひることなく、むしろ自らの思考反省をうながすこと。

次に問題を課し、又は問題を發見させて、それを自ら研究し、その結果を發表させて、互ひに批判させ教師も指導するといふこともよい。その場合問題は生徒の經驗に結びついて、實際生活に關係深いものであること、解決の結果だけでなく、その過程や苦心に眼をつけること。發表の仕方を工夫させ、これに對する批判の態度をも指導すること。批判は公正で親切で建設的でなければならぬ。

四　討議法――「話し合ひ」

この方法は、とくに重要である。それについて心掛くべきことは、發言する前によく調べ、よく考へること、簡單明瞭に發表すること、他のものにも發言の機會を與へ、それをよく聴くこと、問題の中心をはなれないで、結論を見出すことである。

五、社會教育としての公民教育をさかんにすること。

母親學級とか、父兄會を催すこと、その他講演・映畫・紙芝居・パンフレット・ポスターなどによつて、一般社會の人々を公民として教育することが必要である。

更に公民としての知識を知らせるにとゞまらず、討議會を開かして之を指導し、特に多數決の原理を理解させ、多數者の意見に從ふといふ民主的な態度をつくることが必要である。

第三章 女子教育の向上

(一) なぜ女子教育を向上させねばならないか。

民主々義の社會は、完全な個人を土臺とし、男女の差別なく國民の一人々々の自覺と責任との上にはじめて成り立つものである。それで、新しい民主精神をつくるためには、人民の半數を占める女子の教育を革新し、向上させることが極めて大切である。

(二) 何が女子教育の向上をさまたげてゐたか。

今なほ人々の間に根強く殘つてゐる封建的心持や制度が、女子教育の向上を妨げてゐる。

新しい教育を發達させるためには、女子自らの意見が、教育の上にも政治の上にも實際に取り上げられることが大切である。

(三) 女子教育は、何を目あてとすべきか。

女子を個人として國民として完全に育てあげることである。元来女子の異なる點が、教育の目あてとされ、男子との共通點が却へられてゐた。即ち社會問題とか科學的教養をなす點に頗る缺けてゐた。これは單に女のために不幸であるばかりでなく、社會全体のための損失である。

(四) どんな點に力を入れるべきか。

一、個人的社會的全体に對する教育。

命ぜられたことをするといふだけでなく、自ら判斷し、自由な意志と責任とをもつてよいことをするといふ自主的な道徳が、とくに必要である。また家族の幸福と同時に世間の人々の幸福を増し、社會の進歩と文化の向上とに役立つやうに自分で律してゆくべきである。

二、科學教育。

職業の上からも家庭生活の上からも、特に女子が科學的教養の低いために不利であつた。物事を合理的に取扱ふ態度と工夫とを怠らないで、一層高い科學的水準に達するやうにしたい。科學者もうんと出したい。

三、經濟教育。

家や社會においても今まで認められてゐなかつた種々の權利が與へられた。したがつて、義務や責任もずつと加はつた。これからの女子教育においては經濟生活に關する理解を深め、職業的訓練を施すことが肝要である。

四、女子の劣等感をなくすること。

これまでは、性の區別は明らかに階級の差別であつた。學校においては、個人の差別はあつても性による差別は設けないやう兒童に理解させ、教師自らも常に反省すべきである。

「女だから」と甘かし、「どうせ女ですもの」といふ卑屈な劣等感をぬぐひ去るべきである。

(五) 女教師は、どんなに重い責任を負うてゐるか。

教育といふ仕事は、女子の特色を活かすに最もふさはしい仕事である。よく女教師の實力―愛情・犠牲・心づかひ・忍耐―を示しその地位を高めることである。それで女生徒は将来に希望をもち、男生徒は女子を尊敬し信頼するやうになる。この重大な責任のあることを忘れてはならない。

第四章　科學的教養の普及

(一) 人々の科學的水準が低いのは何故であるか。

一、科學の歴史がまだ新しい。

二、科學に對するあやまつた考へがあつた。

「知的偏重」と混同して、有害なものと考へる人すらあつた。

三、生活の科學化が不十分であつた。

長い間の風習にしばられて、日常生活を合理化することを怠つた。

四、國民性の缺陷が科學の進歩を妨げた。

自然や社會の出來事に對して、あきらめたり盲從したりして進んで改善しようとしないこと。

物事を取扱ふに「勘」とか「骨」とかいふ主觀的直覺的な力にたより客觀的合理的な方法を發展させることを怠つた。

權威や傳統に盲從して、感情に支配され、批判する態度や理性をはたらかせることが少く、無形なものを尊敬し、實證的にたしかめ、又は細かに分析して考へることに不得手である。

二、科學とはどのやうなものであるか。

一、科學の種類。

人々が科學の力として感心するのは、多くは應用科學の結果であるが、これを發展させるのは基礎科學である。（第八參照）

二、疑問からの出發。

基礎科學の根本であり形式のととのつた物理學を例にとつて、どんな方法や態度で物事を取扱つて行くものであるかを以て、科學の説明としたい。

疑問を抱くといふことは、物事の道理を明かにし、物事を處理しようとする態度があるからで、そこにはすでに科學の第一歩が踏み出されるのである。

三、觀察と實驗。

ありのまゝを見たり聞いたり觸れたりして、目や耳や手などの感覺をよく働かせ、道具を使ひ數量化することが必要である。

四、法則の發見。

觀察と實驗とを整理し、現象の因果關係を明かにすると、一つの理法が發見される。多くの理法に共通した根本の理法が法則である。そして法則は、つねに修正され進歩する。そこに科學者の絶えない努力が要求される。

五、法則の應用。

基礎科學の法則を人間生活の實際に應用することが、即ち應用科學の仕事である。

(三)

科學的教養を普及させるには、どうしたらよいか。

科學的教養といふのは、科學の法則や成果をおぼへこむことではなく、科學精神—右に述べた科學研究の方法及び態度—を身につけることである。

一、日常の出來事に科學的精神をはたらかせること。

科學は、特別な研究所や實驗室だけではなく、國民一般が、日常經驗する事柄に對して、科學的精神をはたらかせることに成り立つ。

二、學校における科學教育に工夫を重ねること。

科學的精神を最も典型的に、かつ根本的に養ふのは、學校の科學教育である。又各教科に於て科學的な方法と態度とになれさせるがよい。さうして知識や方法を暗記させるのではなく、研究の過程を重んじ、これによつて、科學的方法と態度とを養はねばならない。

そのためには、まづ自然が與へる機會をよく利用せよ……

雪の降る日にその結晶を觀察させるが如き。

年齢による疑問の種類を調べて、材料の選擇や方法の上に利用することや、生徒の疑問を親切に取上げ、解決を助けるがよい。

科學精神をふるひおこすことに重きを置き、その上出來るだけ設備をととのへることにも努力すべきである。工作と理科との結びつきが望ましい。

器具器械を大切にし、その取扱ひ方ープリズムの面に手をふれるなどかの如きに氣をつける習慣をつくること。

觀察や實驗の內容を、繪や圖表や文章にあらはさせること。

三、社會における科學教育をひろめること。

科學研究所・科學博物館・公民館などの整備、科學講座生活改善の研究會や展覽會・科學映畫會などの開催、巡回科學班をつくるなど、社會そのものを教育の場所と考へて、實生活を通じて教育を受けるといふ態度をつくるべきである。

四、科學の進歩を妨げる缺陥を取り除くこと。

科學的教養といふことも、科學だけの立場で實現せられるものでなく民主的な生活と結びついて、はじめて實現せられるものである。

第五章　体育の改善

(一) 新建設に健康はどんな役割を演ずるか。

平和な文化國建設の前途に横はる苦難を切り開くにも國民生活の安定、産業の振興をはかるにもさらに輝かしい文化を建設するにも、戦時に増して強壮な体が必要である。

(二) 体育はどんな風に改めらるべきか。

一、取り除くべき教材と取り入れるべき教材。

まづ軍國主義的なものと、極端な國家主義的なものとを取り除き、明朗で平和的なものにおきかへなければならない。

代るべき種目は、籠球・蹴球・ラグビー・野球・庭球・ボートなど、なほ短・中・長距離走・巾跳・走高跳・棒高跳・投技・器械体操・スキー・スケートのやうなものである。

二、教練的な取扱ひ方の廃止。

すべての動作は、自然運動の法則にしたがひ、のびのびと行はれなければならぬ。自由な活動を通じて、弾力性に富み、融通性のある体力を養ふこと。

集合整頓の實施に際し、指導や矯正に必要以上の時を費さないやうにし、殊更に團体行進それ自身を目的として訓練しないこと。

つとめて強制を避け、生徒の自主的活動を通して、個性をのばすやう。

三、遊技・競技の指導。

試合においては全力をふるつて正しく競争し、不正行爲をおかし、又は個人的感情を交へて對抗意識を高めるやうなことがあつてはならぬ。かつ明朗で自由な雰圍氣の下に行はれることが肝要である。個性に適するやうな指導方針をとることゝし、一齊指導の代りに個別指導・班別指導を必要とする。生徒を自主的にはたらかせ、秩序を生徒自らによつて保たせるやう指導すること。

四、課外運動の重視。

初等學校では課外運動、中等以上の學校では校友會の活動に適正な指導を與へ、その運營を通して生徒の自發活動を活かすべきである。

五、体育の生活化。

体育を生活のあらゆる面に行きわたらせること。とくに勤労中に適宜簡易な遊戯・体操・マッサージなどを行はせるのもよい。能率の增進にもなる。なほ學習時の態度を体育的に指導し、とくに正しい姿勢を保つことにつとめさせたい。

六、たのしい体育。

興味あるものを、自主的に好んで行ふやうに指導し、必要と認める場合、はじめは興味をもたないものを、指導上の工夫で行ふこととも止むないことである。

（三）体育はどうして普及させるか。

學校体育は、學校内すべての生徒を對象として行はるべきで、選ばれた一部生徒の名譽をもたらすやうなやり方は、價値の少いものである。

一、体育施設の利用。

体育施設は、工夫と創意とにより既存のものを利用するとか、戰災による施設の復舊につとめるとか、校内外の自然的環境を活用する方法をとること。

運動場は常に使用されてゐて、しかも利用する者は、一定時間をおいて、絶えず代るやうに運營すること。

運動用具も、創意と工夫で、自製のものを使ふ工夫をすること。

二、教材の選擇と簡易化。

なるべく多數のものが、同時に学び得る種目を選び、一層手輕に實施出來るやうに簡易化の方法をとること。

三、修練のしげき。

第一、記録をかゝげて、之を目あてに修練させる。とくに學級記録・學年記録・學校記録などを示すこともよい。また時々記録會を催すとか、体力章檢定をするのもよい。

第二、各種の校内試合を開くこと。學級内の組對抗・對學級・對學年・對地區・寮生對通學生等の試合を行はせ、代表選手の外に第二・第三……の選手をおくこと。

第三、對抗試合である。これも二流・一流……の間にも行はせること。

社會体育と學校体育とは表裏一体をなす故、社會体育もこの要領で實施すること。

四、衛生教育がいかに大切であるか。

家庭で衛生教育の基礎をあたへ、社會教育でこれを廣く民衆に行きわたらせねばならない。とくに學校は中心となり家政科理科・公民教育もこれに十分な連絡協調を保つべきである。

第六章　藝能文化の復興

(一)戰後になぜ藝能復興の要求が起つたか。

復興建設は容易ならぬ事業で、多くの困難、長い道を越さねばならない。前途に希望を持ちながら、いたづらに焦ることなく、確實な一歩一歩を踏みしめて行かねばならぬ。そこで、生活の「ゆとり」と「うるほひ」と、それを有效に用ひる「たしなみ」とが必要で、この要求を充たすのが藝能である。

(二)新しい藝能文化は、いかにあるべきか。

一、それ自身が人生の目的として追求せらるべく、他の目的の手段であつてはならない。

われわれは、深いところに眞實の人間性を求め、それが藝能において表現され、藝能を通して表はれることを望む。この意味における藝能であつて、利用されたものではない。

二、新しい藝能文化は、統一調和を本質とし、平和建設に役立つものでなければならぬ。

感情と理性、特殊と一般が藝能において矛盾なく統一調和せられ、人々はそこに心の和平と満足とを感ずる。かくて平和の根柢となる。

三、明朗で健康で、建設的でなければならない。

暗黒の人生の中にも、いかに美しい人間性が輝いてゐるか、絶望的な不運の底からも、いかに根強く希望の若芽が生ひ立つか――かうした人間性を實現するものでなければならない。

(三)いかにして新しい藝能文化を振興すべきか。

一、幼少なものに藝能文化の芽生えを育てること。

藝能は一つの文化として、人々の心に開拓さるべきものである。そしてこれもまた幼き者の心に、すなほな若芽として育てられねばならない。

二、乏しい物的條件にもかかはらず、藝能文化の本質を發揮させること。

兒童の自由な想像力は、一本の棒を杖としても、馬としても、列車としても、象徴的に使ひ、簡易な單純な手法によつて、豊かな意味や感性をあらはすところに、藝能的力量が純粋に發揮される。

三、藝能的情操を、日常生活で實現させること。

例へば學校で圖畫をかく心持をおしひろめて、居室や服装や道具などの清掃・手入・整頓に注意するやうな仕向け方である。部落の美化もこれである。

四、すぐれた作品を民衆のために公開すること。

第七章　勤勞教育の革新

(一)、新建設になぜ勤勞が必要であるか。

一、勤勞は國民の權利であり、また義務である。

はたらくことは、もともと人間の活動的創造的な意慾にもとづくものであつて、すべての人間の望むところである。しかして義務は、元來權利を正しく行はせるといふ意味のものであつて、無理な條件をもつて強制するといふ意味のものであつてはならない。

二、戰後の復興と新文化建設のために、勤勞はとくに必要である。

戰時にも全國民の勤勞が要求せられたけれども、今後は新しい目的のために、新しい態度をもつて、國民のすべてが勤勞しなければならない。

(二)新しい勤勞は、どのやうなものであるべきか。

一、自由意志による勤勞。

國民徴用令や學徒勤勞令による勤勞と反對に、原則として、自由意志によるものでなくてはならない。

二、個性に適した勤勞。

人を機械や奴隷のやうに取扱はないで、人格として取扱ひ、各人の長所を發揮させるやうに、勤勞すべきである。

三、人を向上させる勤勞。

適當に、正直に、かつ誠實に行ふことによつて、健康も知識も能力も品性も向上するやうなものでなくてはならぬ。

（三）新しい勤勞教育はいかに行はるべきか。

一、幼少時代に勤勞の習慣をつくること。

子供がさかんに遊びをするのも、人間本性の活動を好む點にあるが、家事の手傳ひやその他の勤勞も、活動の要求のあらはれである。

二、學習の方法として勤勞を取り入れること。

いはゆる勤勞教育論または作業教育論が説くやうに、勤勞作業にうつたへて學習させることがたしかに效果的な學習のさせ方である。

三、學業以外の勤勞については、その質と量とに注意すること。

このやうにしてこそ「はたらきつゝ學ぶ」といふ生活が確立する。

四、職業指導に力を注ぐこと。

社會が要求する仕事で、しかも自分の個性に適し、長所をあらはすことのできる仕事を選ぶやうに指導すべきである。

—終—

文教時報　第五号　一九四七年九月一日

新仮名遣と略字

教育を民主化し文字教育より来る負担をかるくするために、新仮名遣をさだめ、なお略字を全面的に使用することにきめました。

新仮名遣は原則として表音的仮名遣によります。

ただし次のような例外をもうけました。

(一)「何々は」「何々を」「何処へ」の助詞「は」「を」「へ」は歴史的仮名遣を用いる。

(二)「こづかい」「つきづき」「まつばづえ」等のように複合している語が「つかい」「つき」「つえ」等と単語として用いられ、複合語であることがはっきりしている場合は「ず」とせず「づ」とする。

ただし高等学校実業高等学校等の「文学」の中の古典教材等には歴史的仮名遣を知らせる意味で、従来の歴史的仮名遣を用います。

今後文教部より刊行する図書類はすべて新仮名遣によります。教科書を一斉に改正することが出来ないため、いろいろの支障を来たすと思いますが、各学校各学年に応じて適当に処理せられたい。

新仮名遣は次のように表記します。

(一)「ゐ」を「い」とする(註　及び括弧の中は歴史的仮名遣)

(二)

いる(居)　くらい(位)　いど(井戸)　いなか(田舎)　いのしし(猪)

ゐ―　――ゐ　ゐ―　ゐ――　ゐ――

(二)「ひ」……「い」

はい(灰)　わらい(笑)　ついに(遂)　とい(問)　しいる(強)

―ひ　――ひ　―ひ―　―ひ　―ひ―

(三)「ゑ」……「え」

え(絵)　こえ(声)　つえ(杖)　うえる(植)　うえる(飢)　すえる(据)

ゑ　―ゑ　―ゑ　―ゑ―　―ゑ―　―ゑ―

(四)「へ」……「え」

いえ(家)　うえ(上)　かえる(帰)　やえざくら(八重桜)

―へ　―へ　―へ―　―へ――

おしえる(教)

―へ―

ただし「私は学校へ行く」の場合の助詞はそのままにして「え」と発音する。

(五)「ぢ」……「じ」

ふじ(藤)　はじる(恥)　とじる(閉)　ちぢむ(縮)　じしん(地震)

―ぢ　―ぢ―　―ぢ―　―ぢ―　ぢ――

じき(直)

ぢ―

(六)「づ」……「ず」

みず(水)　しずか(静)　まず(先)　ずつ(宛)　めずらしい(珍)

―づ　―づ―　―づ　づ―　―づ――

(七)「は」……「わ」

かわ(川)　にわ(庭)　くわ(桑)　おわる(終)　かわる(変)
ーは　ーは　ーは　ーは！　ーは！　ーはー

ただし「私は学校へ行く」の「は」はそのままにして「わ」と発音する。

(八)「ふ」……「う」

あう(会)　かう(買)　まう(舞)　つかう(使)　ならう(習)　くう(食)
ーふ　ーふ　ーふ　ーーふ　ーーふ　ーふ
すう(吸)　ぬう(縫)　ゆうだち(夕立)　おう(追・負)　すくう(救)
ーふ　ーふ　ーふーー　ーふ　ーーふ
おもう(思)　ひろう(拾)　あらそう(争)　きのう(昨日)
ーーふ　ーーふ　ーーーふ　ーーふ

(九)「ほ」……「お」

しお(塩)　かお(顔)　におい(香)　やおや(八百屋)　なおす(直)
ーほ　ーほ　ーほひ　ーほー　ーほー
おおい(多)
ーほー

(十)「を」……「お」

うお(魚)　あおい(青)　おどる(踊)　おば(小母)おか(岡)
ーを　ーをー　をーー　をー　をー

ただし「字を書く」の場合の助詞は「を」をそのままにして「お」と発音する。沖縄で助詞「を」の音をwoの軽い子音をつけてwoと発音するところがあるがそれはそのまま許容する。

(十一)「ふ」……「お」

あおぐ（仰） あおぐ（扇）にたおす（倒） あおる（煽）

ーふー ーふー ーふー ーふー

(十二)「ばう」「わう」「あう」「あふ」……「おう」

(イ)「はう」……「おう」

あおう（会はう） かおう（買はう） まおう（舞はう）

ーはう ーはう ーはう ーはう

くおう（食ばう）

ーはう

(ロ)「わう」……「おう」

おう（王） せんおう（専横） おうらい（往来） おうごん（黄金）

わう わう わう わう

(ハ)「あう」……「おう」

おうぎ（奥義） ちゅうおう（中央） おうじゅ（槐樹）

あうー あう あうー

(ニ)「あふ」……「おう」

おうとつ（凹凸） おうりょう（押領）

あふー あふりやう

(十三)「がう」「かう」「かふ」「くわう」……「こう」

「がう」「がふ」「ごふ」……「ごう」

(イ)「かう」……「こう」

きこう（聞かう） いこう（行かう） かこう（書かう） こうべ（神戸）

ーかう ーかう ーかう かうー

あこう(赤う)　こうぎ(講義)

―かう　かう―

(ロ)「かふ」……「こう」

こう(甲)　だいこう(大閤)

かふ　――かふ

(ハ)「くわう」……「こう」

こういん(光陰)　こうこく(廣告)　こうはい(荒廃)

くわう―　くわう――　くわう――

(ニ)「がう」……「ごう」

なごう(長う)　いそごう(急がう)　ごうりき(強力)

―がう　――がう　がう――

ごうれい(号令)　ぶんごう(文豪)

がう――　――がう

(ホ)「がふ」……「ごう」

ごう(合)　ごうけい(合計)

がふ　かふ――

(ヘ)「ごふ」……「ごう」

ごう(業)　えいごう(永劫)

ごふ　――ごふ

(ト)「さう」　「さふ」……「そう」

「ざう」　「ざふ」……「ぞう」

(チ)「ぞう」……「ぞう」

そうして（然して）　そうじ（掃除）　しそう（思想）
さう―　さうだ　―さう
はなそう（話さう）　そうあん（草案）　たいそう（体操）
―さう　さう―・・・―さう

(ロ)「さふ」……「そう」
そうにゅう（挿入）　そうろう（候）
さふにふ　さふらふ

(ハ)「ざう」……「ぞう」
せいぞう（製造）　ぞうげ（象牙）　どうぞう（銅像）　どぞう（土蔵）
―ざう　ざう―　―ざう　―ざう

(ニ)「ざふ」……「ぞう」
ぞうきん（雑巾）　ぞうき（雑木）　ぞうに（雑煮）
ざふ―　ざふ―

(ホ)「たう」「たふ」……「とう」
「だう」……「どう」

(ヘ)「たう」……「とう」
うとう（打とう）　かとう（勝とう）　いとう（痛う）　さとう（砂糖）
―たう　―たう　―たう　―たう
はんとう（半島）
―たう

(ト)「たふ」……「とう」
へんとう（返答）　とうとい（尊い）　すいとう（出納）　ぶとう（舞踏）
―たふ　たふ―　すゐたふ　―たふ

とうさい(搭載)

たふ――

(ハ)「だう」……「どう」

どうぐ(道具)　しどう(指導)　どうり(道理)　ぶどう(葡萄)

だう―　―だう　だう―　―だう

どうどう(堂々)

だうだう

(ホ)「なう」「なふ」……「のう」

(イ)「なう」……「のう」

のう(脳)　しのう(死なう)　はいのう(背嚢)　あぶのう(危う)

なう　―なう　――なう　――なう

(ロ)「なふ」……「のう」

のうふ(納付)　のうぜい(納税)

なふ―　なふ――

(ヘ)「はう」「はい」「はふ」……「ほう」

「ばう」「ばふ」……「ぼう」

「ぱう」……「ぽう」

(イ)「はう」……「ほう」

ほうき(箒)　ほうび(褒美)　ちほう(地方)　ほうもん(訪問)

はう―　はう―　―はう　はう――

かいほう(介抱)

――はう

(ロ)「はふ」……「ほう」

ほうりつ(法律)　ほうる(投る)　ほうほう(方法)　へいほう(兵法)　
はふ――　はふ―　はうはふ　―はふ
「法(はふ)は漢音」
(ハ)「ほふ」……「ほう」
ほうし(法師)　ほうじ(法事)
ほふ―　ほふ―　「法(ほふ)は呉音」
(ニ)「ばう」……「ぼう」
とぼう(飛ばう)　はこぼう(運ばう)　ぼうず(坊主)　きぼう(希望)
―ばう　――ばう　ばう―　―ばう
ぼうけん(冒険)　らんぼう(乱暴)
ばう――　――ばう
(ホ)「ばふ」……「ぼう」
びんぼう(貧乏)　けつぼう(欠乏)
――ばふ　――ばふ
(ヘ)「ぱう」……「ぽう」
いっぽう(一方)　せっぽう(説法)
――ぱう　――ぱう
(ト)「まう」「まふ」……「もう」
(チ)「まう」……「もう」
もうす(申す)　もうら(網羅)　もうける(儲ける)
もう―　まう―　まう――
たのもう(頼まう)　もうもく(盲目)
――まう　まう――

(ロ)「まふ」……「もう」
すもう(角力)
ーまふ
(イ)「やう」……「よう」　(九)「やう」「えう」「えふ」……「よう」
ようか(八日)　はよう(早う)　ようす(様子)　かようにし(斯様に)
やうー　ーやう　やうー　ーやうー
ようき(陽氣)
やうー
(ロ)「えう」……「よう」
ようち(幼稚)　ひつよう(必要)　にちよう(日曜)　どうよう(動搖)
えうー　ーえう　ーえう　ーえう
(ハ)「えふ」……「よう」
しよう(枝葉)
ーえふ
(イ)「らう」……「ろう」　(平)「らう」「らふ」……「ろう」
つろう(平う)　とろう(取らう)　たろう(太郎)　ろうじん(老人)
ーらう　ーらう　ーらう　らうー
くろう(苦労)
ーらう
(ロ)「らふ」……「ろう」

ろうそく(蝋燭)

らふ ――

(十二)「いふ」「いう」……「ゆう」

(イ)「いふ」……「ゆう」

とゆう(都邑)

―いふ

(ロ)「いう」……「ゆう」

りゆう(理由)　ゆうめい(有名)　しんゆう(親友)　ゆうびん(郵便)

―いう　いう ――　―― いう　いう ――

ゆうゆう(悠々)

いういう

(十三)「きう」「きふ」……「きゅう」

「ぎう」……「ぎゅう」

(イ)「きう」……「きゅう」

きゅうか(休暇)　しきゅう(至急)　ようきゅう(要求)

きう ―　―きう　えうきう

えいきゅう(永久)　でんきゅう(電球)

―― きう　―― きう

(ロ)「きふ」……「きゅう」

こきゅう(呼吸)　きゅうだい(及第)　ほうきゅう(俸給)

―きふ　きふ ――　―― きふ

とうきゅう(等級)

―― きふ

(ハ)「ぎう」……「ぎゆう」

ぎゆうば(牛馬)　ぎゆうにゆう(牛乳)

ぎう　—　ぎう　にう

(三三)「しう」「しふ」……「しゆう」

「じう」「じふ」……「じゆう」

(イ)「しう」……「しゆう」

しゆうい(周囲)　しゆうさい(秀才)　かなしゆう(悲しう)

しうゐ　しう　—　—しう

なごりおしゆう(名残惜しう)　なつかしゆう(懐しう)

——をしう　——しう

(ロ)「しふ」……「しゆう」

れんしゆう(練習)　へんしゆう(編輯)　しゆうしゆう(收拾)

——しふ　——しふ　しう　しふ

(ハ)「じう」……「じゆう」

じゆうじゆん(柔順)　もうじゆう(猛獣)

じう　——　まうじう

(ニ)「じふ」……「じゆう」

えきじゆう(液汁)　ごじゆう(五十)

——じふ　—じふ

(三四)「けう」「けふ」「きやう」……「きよう」

「げう」「げふ」「ぎやう」……「ぎよう」

(ホ)「けう」……「きよう」

きょうし(教師)　きょうぼく(喬木)　しゅうきょう(宗教)
けう —　けう ——　—— けう
(ロ)「けふ」……「きょう」
きょう(今日)　きょう(協議)　ぎきょうしん(義侠心)
けふ　けふ —　けふ —
きょうい(脅威)
けふゐ
(ハ)「きゃう」……「きょう」
きょうり(郷里)　きょうと(京都)　きょうだい(兄弟)
きゃう —　きゃう —　きゃう ——
べんきょう(勉強)　きょうそう(競争)
— きゃう　きゃうきゃう
(ニ)「げう」……「ぎょう」
ぎょうてん(暁天)　ぎょうこう(僥倖)
げう ——　げうかう
(ホ)「げふ」……「ぎょう」
ぎょうむ(業務)
げふ —
(ヘ)「ぎゃう」……「ぎょう」
ぎょうぎ(行儀)　にんぎょう(人形)　ぎょうてん(仰天)
ぎゃう —　— ぎゃう　ぎゃう ——
(ト)「せう」「せふ」「しゃう」……「しょう」
「ぜう」「でう」「でふ」「じゃう」「ぢゃう」……「じょう」

(イ)「せう」……「しよう」
しようせつ(小説)　しようぼう(消防)　しようかい(紹介)
せう　――　せう　ばう　せう　――
きさしよう(來さ せう)　そうでしよう(然うでせう)
――う　さうでせう
(ロ)「せふ」……「しよう」
こうしよう(交渉)　しようけい(捷徑)
かうせふ　せふ　――
(ハ)「しやう」……「しよう」
ごしよう(後生)　しようらい(將來)　しようじき(正直)
――しやう　しやう――　しやうぢき
ぶんしよう(文章)
――しやう
(ニ)「ぜう」……「じよう」
じようぜつ(饒舌)　ふんじよう(紛擾)
ぜう――　ぜう
(ホ)「でう」……「じよう」
じようやく(條約)　じようけん(條件)
でう――　でう――
(ヘ)「でふ」……「じよう」
ろくじよう(六疊)　いちじよう(一帖)
――でふ　――でふ
(ト)「じやう」……「じよう」

ようず(上手)　ひじよう(非常)　じじよう(事情)

やう—　—じやう　—じやう

ようたい(状態)

やう—

「ぢやう」……「じよう」

ようぶ(丈夫)　しきじよう(式場)　れいじよう(令嬢)

やう—　——ぢやう　—ぢやう

んじよう(勘定)

—ぢやう

(実)てう」　「てふ」　「ちやう」……「ちよう」

「てう」……「ちよう」

ようるい(鳥類)　そうちよう(早朝)　ちようこく(彫刻)

う　るゐ　さうてう　てう　—

「て」「ふ」……「ちよう」

よう(蝶)　てちよう(手帖)

ふ　—てふ

ちやう」……「ちよう」

ようど(丁度)　ちようちよう(町長)　ちようぼ(帳簿)

やう—　ちやうちやう　ちやう—

ようちん(提灯)

やう—

(注)ねう」……「にょう」

にようぜつ（饒舌）

ねう　——

(三八)「へう」「ひやう」……「ひよう」

「べう」「びやう」……「びよう」

(イ)「へう」……「ひよう」

ひようめん（表面）　とうひよう（投票）　ひようりゆう（漂流）

へう　——　——へう　へうりう

(ロ)「ひやう」……「ひよう」

ひようばん（評判）　ぞうひよう（雑兵）

ひやう——　ざふひやう

(ハ)「べう」……「びよう」

ふんびよう（分秒）　びようしや（描写）

——べう　べう——

(ニ)「びやう」……「びよう」

びようき（病氣）　びようぶ（屏風）

びやう——　びやう——

(三九)「めう」「みやう」……「みよう」

(イ)「めう」……「みよう」

みようじ（苗字）　きみよう（奇妙）

めう——　——めう

(ロ)「みやう」……「みよう」

みようにち（明日）　みようだい（名代）　じゆみよう（壽命）

みやう——　みやう——　——みやう

(三)「れう」「れふ」「りやう」……「りよう」

(イ)「れう」……「りよう」

りようり(料理)　りようじ(療治)　わいりよう(明瞭)

れう―　れうぢ　―れう

ぶりよう(無聊)

―れう

(ロ)「れふ」……「りよう」

りようし(猟師)

れふ―

(ハ)「りやう」……「りよう」

りようて(両手)　ぜんりよう(善良)　のうりよう(納涼)

りやう―　―りやう　のふりやう

りきりよう(力量)

―りやう

(四)「ちう」……「ちゆう」

ちゆうや(昼夜)　ちゆうしよう(抽象)　うちゆう(宇宙)

ちう―　ちうしやう　―ちう

(五)「にう」「にふ」……「にゆう」

(イ)「にう」……「にゆう」

にゆうわ(柔和)

にう―

(ロ)「にふ」……「にゆう」

にゅうひ(入費)　にゅうばい(入梅)　しゅつにゅう(出入)
にふ―　にふ―　――　にふ
(三三)「びう」……「びゅう」
ごびゅう(誤謬)
―びう
(三四)「りう」「りふ」……「りゅう」
(イ)「りう」……「りゅう」
りゅうがく(留学)　せんりゅう(川柳)
りう―　―りう
(ロ)「りふ」……「りゅう」
りゅうりゅう(粒々)　こんりゅう(建立)
りふ　りふ　――りふ
(三五)「くわ」……「か」
「ぐわ」……「が」
(イ)「くわ」……「か」
かし(菓子)　かじ(火事)　かがく(科学)　ゆかい(愉快)
くわ―　くわ―　くわ―　―くわ―
(ロ)「ぐわ」……「が」
がいこく(外國)　しょうがつ(正月)　がんじつ(元旦)　づが(図画)
ぐわ―　―ぐわ―　ぐわ――　―ぐわ

常用略字表

乱〔亂〕 併〔倂〕 仮〔假〕 両〔兩〕 剤〔劑〕 労〔勞〕 励〔勵〕 勧〔勸〕
区〔區〕 参〔參〕 嘱〔囑〕 囲〔圍〕 円〔圓〕 図〔圖〕 堕〔墮〕 圧〔壓〕
壱〔壹〕 学〔學〕 実〔實〕 宝〔寶〕 対〔對〕 届〔屆〕 属〔屬〕 岳〔嶽〕
廃〔廢〕 径〔徑〕 悩〔惱〕 惨〔慘〕 恋〔戀〕 択〔擇〕 拠〔據〕 挙〔擧〕
拡〔擴〕 数〔數〕 断〔斷〕 会〔會〕 栄〔榮〕 楼〔樓〕 枢〔樞〕 権〔權〕
欧〔歐〕 歓〔歡〕 帰〔歸〕 残〔殘〕 殴〔毆〕 浅〔淺〕 満〔滿〕 潜〔潛〕
沢〔澤〕 済〔濟〕 浜〔濱〕 滝〔瀧〕 湾〔灣〕 営〔營〕 炉〔爐〕 犠〔犧〕
独〔獨〕 猟〔獵〕 献〔獻〕 画〔畫〕 当〔當〕 発〔發〕 研〔硏〕 礼〔禮〕
称〔稱〕 穏〔穩〕 窃〔竊〕 並〔竝〕 糸〔絲〕 経〔經〕 総〔總〕 絵〔繪〕
継〔繼〕 続〔續〕 欠〔缺〕 声〔聲〕 粛〔肅〕 脳〔腦〕 胆〔膽〕 台〔臺〕
旧〔舊〕 茎〔莖〕 万〔萬〕 処〔處〕 号〔號〕 虫〔蟲〕 蚕〔蠶〕 蛮〔蠻〕
覚〔覺〕 観〔觀〕 触〔觸〕 証〔證〕 訳〔譯〕 誉〔譽〕 読〔讀〕 変〔變〕
豊〔豐〕 予〔豫〕 弐〔貳〕 賛〔贊〕 践〔踐〕 軽〔輕〕 弁〔辨・瓣・辯〕
辞〔辭〕 逓〔遞〕 遅〔遲〕 辺〔邊〕 医〔醫〕 釈〔釋〕 銭〔錢〕 鉄〔鐵〕
鉱〔鑛〕 関〔關〕 随〔隨〕 隠〔隱〕 双〔雙〕 霊〔靈〕 余〔餘〕 駆〔驅〕
駅〔驛〕 髄〔髓〕 体〔體〕 塩〔鹽〕 麦〔麥〕 点〔點〕 党〔黨〕 斎〔齋〕
歯〔齒〕 齢〔齡〕 写〔寫〕 担〔擔〕

通牒版6

文教時報　第六号　一九四七年十一月五日

新教育指針大要（三号前）

はしがき

教育の実際において民主主義を実現するための留意点として文教時報第二号第五章民主主義の徹底(五)実際教育としての民主主義（十一頁―十三頁）に、五つの項目をあげて述べてあるが、本号では、主として、その中の二、教育内容に民主主義をとりいれること、四、自主的、協同的な生活及び学習を訓練することの二項目について述べられてある。　読者は前記の各項を参照、今一度読みかえして実際教育に参考にせられんことを切望します。

文教部

目次　第二号目次参照

第二部

第一章　第二部のめあて

一、

この第二部は学校教育全般を通じて、民主主義を徹底するにはどうしたらよいか、そのためにはどんな教材を選んだらよいか、またその教材の取扱いにはどんな方法がよいか、そういうところにめあてをおいて編修したものである。

二、

教育が民主的であるためには、その土台として、どのような精神や態度を養うことが、現状に照して最も必要であるかを考えて見よう。

㈠眞実を求め、眞実を尊敬し、眞実に従って行動する精神を養うこと。

今迄の教育でも眞実を求めることを軽んじたのではない。しかし、これがただ科学の範囲内にとどまって、廣くわれわれの生活全部にはたらくほどに力強くなかった。

いままでわれわれが、行爲を決定する場合の標準を、もし命令服従の縦の道徳が強調されて、権威や地位や慣習がすべてを決定したのであるならば、それは封建的社会の特徴を示すもので、これに反して民主的社会においては、行爲を決定する標準は、眞理や正義でなければならない。

われわれは、眞実を求める心を、学問の世界から、廣くわれわれの生活に全面的におしひろげなければならない。即ち社会的経済的政治的のいろいろな問題について、何が眞実であるかを見きわめる力を練ることが必要である。

いままでの習慣や傳統にひきずられて、眞実や正義の何たるかを知りながら、これによって行動することの出来ないのを打ち破るためには眞実を行うことがどんなにわれわれの生活を豊かにし楽しくするか、またこれにそむく行為がどんなにわれわれを不幸にするかを、日常生活で体験させるがよい。これによって眞実を求め、これを行うことが國民として、また人間としての義務であることをしっかりとさせるにいたるであろう。

㈡ 自主的 考え、自主的に生活すると共に責任を重んずる態度を養うこと。

今迄の教育は、自主的に考える力を練るということがなおざりにされていた。

権力や命令によって、画一的に形だけそろえるように教育された児童は、命ぜられた事だけを忠実に果すだけで、自ら進んで考え、自ら責任をもって行動するという能動性にとぼしい。

民主主義に基く教育は、自ら考え自ら判断し行動すること、即ち独自の思考力を練り自ら行動することを大きな目標とする。個性をのばすことも、自発的創造的な態度も、また自分の言動に対して責任をもつ態度もすべてこの土台の上にきずかれる。

自主的に考えるといっても、かたよった独りよがりな考え方を意味するのでない。他人に迷惑をかけないようにとか、そういう基準となるべき道理がなければならない。児童は自分のもっている道理によって、推理し、判断し、行動するが他人の批判や自己反省、又は教師の指導によってそれが高められ、深められるのである。

㈢ 友愛的協同的な態度と、奉仕の精神を養うこと

民主主義の根本精神は、全人類の幸福をこいねがうところにあるが、まずわれわれの属する社会集団の幸福をはかることからはじまる。民主主義とは個人と社会との結婚であるといった人があるが、集團の各人の間に、相互に理解があり

友愛協同の精神がみなぎっていなければならないということを、いかにたくみに表現している。

親子を中心とする家族関係・血縁関係のみが重んぜられるところでは、社会意識が発達しない。住所も職業も階級も、すべてが固定し、交通も発達しなかった昔の封建時代の社会意識にふみとどまっている。

したがって、社会と自分との関係の自覚を深め、血縁関係や隣近所の間に行われてきた友愛協同の精神を廣く社会全般に及ぼすことが、今の教育で必要なことである。

学校は、児童が血縁関係や隣近所の生活を離れて、初めてはいるところの社会生活である。児童間には、共通の利害があるから、同情友愛の心もわき、理解を深めて行く。作業や学習の間に協同の精神をも養うことができる。これをいとぐちとして、遂には全人類の幸福に対する自分の責任を感ずるようにしむけて行かねばならない。

民主主義の精神は、友愛協同よりさらに進んで、奉仕の精神に到達する。人生の主な目的は、自己自身の欲望を満足させるだけでなく、隣人をして一層よい生活をおくるようにたすけることだとするのが、奉仕の精神である。したがって最も偉大な人とは、彼の隣人に最も大きな奉仕をなす人であるというべきである。

三、

民主主義とは人生に対する態度であり、生活のしかたである。つねに児童の生活に結びつけ、生活を通して、生活の中から体験させて、それには学校内のすべての生活が、民主主義的な方法で行われることが根本的條件である。

デューイが、行うことによって学ぶ（learning by doing）ことを指摘したのを、ここにあらためて思い起すべきである。

第二章 教材の選び方

いかなる教科のどんな教材でも、民主主義的に取扱われるときには、前にあげた民主主義の土台となる精神や態度を育成することができる。ここでは、とくに重きをおいて取扱われるべき教材をあげる。

一 時事問題

社会・経済・政治の根本的な真相を知らせ、また現在の状態がどんなであるかを知らせるとともに、その原因を反省させることが大切である。かかる観点から、

(一) 社会の現状

イ、國土と人口(國土の範囲、國土の面積、人口、人口密度等)

ロ、政治(無條件降服の意味、聯合國軍管理の意義、軍備の撤廃等)

ハ、産業・経済

農業(耕地面積、農業人口、食糧自給の程度、農業の性格等)

工業(工業の制限、生産の不振、その原因等)

貿易(貿易の制限、輸出入の重なる品目等)

経済(財閥の解体、通貨の膨脹、預金の封鎖、戦時利得税、財産税、軍需補償の打切等)

(二) 太平洋戦争

イ、大戦の原因

ロ、大戦の経過

ハ、敗戦の原因

ニ、ポツダム宣言受諾の意義

敗戦の原因については、戦争よりも更にさかのぼって、ひろく國民生活・或は國民性の中にひそめるものを検討し反省しなければならない。(第二号第一章

一一二頁参照)

極東軍事裁判所で公判を受けている戰争責任者の犯した罪悪は重い。しかしわれわれの無知無批判な態度も、一部責任があることを、反省すべきである。

(三)現下の社会相

イ、食糧の不足
ロ、生活必需品の不足
ハ、物價の値上り
ニ、交通機関の混雑
ホ、犯罪の増加
ヘ、失業者の増加
ト、住宅の拂底
チ、復員軍人及び帰還者の問題

これらは児童に最も身近かな問題であり、最も関心をもっているものである。しかも相互に連関があり、その原因を明らかにし、その解決の方法を研究していくうちに、直接國家の政治に関係してくる。またその解決打開の方法も多くの人と相談し、多くの人と協力して行わなければならないのが多いから、民主的な訓練をするに適している。

(四)諸制度の改革

イ、言論・出版・結社・信教の自由
ロ、選挙法の改正
ハ、農地制度の改正
ニ、労働組合法の制定
ホ、憲法の改正

などがある。これからさきも、制度の改革がある毎に、その目標、内容の大要、國民としての心得等をはつきりつかませなければならない。

(五) 聯合國軍最高司令部の指令

(六) 民主主義(第二号一〇頁—一三頁参照)

(七) 世界の動き

われわれの住む社会の現状を正しく理解するために、世界の現状を知ることの必要なことはいつの時代でもかわりはない。戦後の経営について、共通の悩みをもつている戦勝國が、これをいかに切りぬけて行きつつあるかを知ることは、よい参考になる。

第一次世界大戦後の國際聯盟にかわつて、この一月、新発足した國際聯合については、学年の進むにしたがつて適当に取り入れなければならない。

二 学校生活に関する問題

学校はただいろいろの教科を学習する場所にとどまるべきでなくして、学校内でのあらゆる生活をとおして、児童を教育する方向に向わなければならない。

そこで、次のことが、新しい問題としてとりあげられなければならない。

(一) 各種の当番勤務の企画(整理・整頓・清掃・飼育・栽培・図書・観測・記録・学習の準備後始末・報道等)

(二) 各種行事の企画・実施(遠足・見学・研究調査・運動会・音楽会・展覧会等)

(三) 学級会・校友会等の運営(事業の企画・実施・予算決算等)

(四) 学校農場・学校工場・消費組合等の企画・実施・生産物の処理・収支決算等

(五) 校外生活(通学班・部落子供会等)

これらの問題について、はじめは教師の指導のもとに、次第に児童相互の討議によつて意見をまとめ、各自が責任をもち、自治と協同との精神にもとすいて実行することは、民主主義的の性格をつくり、この生活をみにつけさせるために、最も効果的である。

三、参考資料（以上にあげたような教材取扱上の）

(一)書籍

今後相当数出ると思われるから、充分注意の上良書を選択すること。

書物を選ぶためには著者の専攻するもの、〃の思想傾向、書いた目的は啓蒙的か、研究的学術的か、又は宣伝的かなどを知ることが必要である。そして、これらの予備知識をもたない人たちは、先輩や旧師に良書を紹介してもらうがよい。

(二)雑誌

次に述べる新聞とともに、社会の動き世界の動きあるいは、政治、経済、文化等各方面における当面の問題、及びそれに対する学者評論家実際家等の研究や意見を知るに欠くべからざるものである。

教師の間で雑誌購読会とか、相互に交換購読の方法を講ずるとか、時々研究会の如きものを開いて、雑誌の紹介それについての批判討議をして、識見を高めるというようなことが望ましい。 また主要論文等の索引を学校に備えつけて、研究調査等に役立てることも大切である。

(三)新聞

ニュース以外に、社説及び解説風の記事も特に気をつけて読むべきである。

ニュースはただ断片的に読過せず、それに脈絡をつけて、因って来るところや、その進展又は影響というようなことを考えたがよい。

重要な記事は切抜いて整理し、教師児童が簡単に利用し得るようにしたい。

(四)放送

学校放送の聴取活用を十分にしてほしい。 国民学校児童による討議の放送をそのまま児童に聴取させ、各学校でも同じ題目で討議させるようにしたい。

(五)映画

ニュース映画、文化映画など見たあとで感想を述べさせ、又は討議させる方法をとりたい。

(六)統計

人口耕地面積、各種の産業、税額等の諸統計で、自分の住む町村や縣が縣又は國でどんな地位を占めているかがわかり、またこれらの統計について各種の計画もたてられるのである。

統計を教師自身が活用するにつとめるとともに、児童にもこれに親しませ、これを活用するよう指導すべきである。

辞書地図年表等と同じように、統計を常に座右において、これを活用することを勧めたい。

第三章　教材の取扱い方(教授の方法)

今までの教育では、教授の各水準において、吸収さるべき一定の知識があると断定し、生徒の能力の相違や、関心の相違を無視する傾向があった。かくて注入主義暗記主義とよばれる弊におちいった。

新しい教育では、児童の個性を尊重し、これを十分にのばすことを、目当てとしているのであるから、重点を児童の生活活動においた方法が、工夫せられねばならない。生活に重きをおいてこそ、個性をのばすことができるし、知識や技能も身についたものとなるし、性格も養われるのである。

(一)児童の生活と興味に即して取扱うこと。

いままでも興味が重要視された。しかしそれは主として、与えられた仕事にいかにしたら興味をもたせることが出来るかという点にあった。新しい教育では、興味は選択の標準で、児童にとっては、興味と必要とは多くの場合一致していると見るのである。

興味を選択の標準とすることについて、児童の直接的環境にない事柄のうちに学ばせなければならないものが沢山ある。興味のみを標準にしては、これらを学ばせることができないという不安が感じられる。子供は肉体的活動によって、自分のまわりのものに自分を調和させることに興味をもっているが、成長するにつれて、直接必要なものへの調節は非常に早く、且つ自動的になってくる。更に子供が成長し、肉体と自然環境との調節ができてくるにつれて、彼等は自分のまわりの人生の複雑なすがたに注意するようになって来る。かくて興味を選択の標準たらしめることによって、教材の範囲はほとんど制限されることはない。

児童の興味は、多方的で、その中から必要なものと必要ならざるものとを見分ける能力もまだ低いが、児童相互の話し合いや、教師の助言指導で、次第に高められて行く。

児童の生活に即した取扱いをするには、児童の生活調査及び個性調査、常に注意深き児童生活の観察とともに、教育心理学的原則を心得ていることが必要である。

(二) 自主的学習

予習復習という程度にとどまらないで、児童が自分で学習の目的や計画をたて、それによって学習するという自習的学習に進まねばならない。

教師は、児童のたてたこの計画について批判し激励するという立場に後退すべきである。

(三) 協同学習

学習は更に進んで、各自の研究をもとにして、学級全体で意見をのべあい、協同して学習するところまで発展させねばならない。

一学級の児童数の多いところでは、全体の共同学習に入る前に、五、六人位の班に分け、各班で共同して学習する方法、いわゆるグループ学習の方法をとることがよかろう。各班で共通の問題について学習することもあり、また一つの教材をいくつかの問題に区分し、各班が分担学習した結果をもちよって、学級全体で協同学習する方法がある。これによって協同、連帯の方法も養われる。

(四)直接指導より間接指導へ

一から十迄教師が中心となって、直接指導していく態度から、児童のよい相談相手、児童のよい後見役として間接に指導する立場にうつらなければならない。

これによって、教師と児童との関係により変化をきたす。すなわち、愛と信頼とにみたされたなごやかな関係、膝をまじえて語りあう間柄、いわゆる民主主義的行動になるのである。

学年の高低、場合の如何によって直接指導の必要も認められるが、要は直接指導をすくなくし、間接指導のもとで、児童の自主的、協同的学習を旺盛ならしめるようにすべきである。

教師は今までの教育を反省し、新しい教育をめあてに、まず自主的に、授業の方法を工夫しつつなやみつつ進まなければならない。しかし、他人の意見を聞き、他人の授業を参観することを軽んじてはならぬ。それは独断、独善におちいることをさけるためにも必要である。

(五)環境の整備充実

授業の形態がかわってくると、学校そのものに対する考え方、変化を認めなければならない。児童の生活活動に重きをおき、児童の自習的、協同的学習が中心となって来ると、学校は単なる教育の場所たるにとどまらないで、学校そのもので教育するということにかわって来なければならない。

また児童は、将来社会の責任ある協力的成員たるように教育せられねばならないから、学校が一つの単純化され又純粋化された理想的社会であるように整備されければならない。

1、教室の整備

各種の辞書や参考書、地図、統計、諸物、雑誌、その他測定用具、飼育箱、蓄音機、放送聴取設備など児童の自主的学習の意欲をそそり、かつ自主的な学習をなし得るように整備充実されることを要する。新聞の切抜きをはったり、児童各自の研究の結果をはったりする壁面や、自由に使用できる黒板などもほしい。

2、学校内の整備

図書室、実験室、工作室、保健設備、その他特別教室などは、もっと内容が充実せられた上に、もっと自由に使用し得るように、児童に解放することが必要である。よいレコードとよい蓄音機、映画設備なども出来得る限り備えつけてほしい。

その上児童に自治訓練を与える諸施設、学校農場、学校工場、消費組合、その他の自治組織などの整備も望ましい。

3、学校外の諸施設の活用

学校附近にある諸施設、たとえば図書館、博物館、郵便局、警察署、工場、農場、病院などをよく調査しておいて活用することが必要である。施設の利用だけでなく、そこに勤めている人たちも機会ある毎に協力してもらうことが望ましい。教師がすべてのことに通ずることはむずかしい。その附近の権威ある専門家の協力が絶対必要である。

4、施設設備の修繕

物資の欠乏、生産の不進捗、戦災による焼失で施設設備の大きな障害がある。しかし教師と児童との協同によって、みんなで製作したり集めたりして一つずつでも整備していくところに、大きな教育的効果があるのである。三四年前工作に機械の取扱いがはじめて取り入れられた時、古時計や古自轉車、電氣器具、機械の部分品などを、家庭から出してもらつてたくさん集めた学校もある。

第四章　討議法について

討議法とは、いうまでもなく Discussion Method のことであつて、いままでも学会などで行われていたが、理論や傳統にわざわいされて、廣く行われなかつたが、新教育の方法としてとりあげられたばかりでなく、放送討論会とか紙上討論会」なども行われるようになつた。　それは討議法が、民主的な態度をつくり、民主的な生活をきずきあげて行くのにもつとも効果的な方法だからである。

一、討議法のめあてとするところは何か

ある問題について、各自が平等の立場で、自由に意見をのべあいながら、互いにひはんし檢討することによつて、正しき結論を導き出そうとする方法で共同して眞理を発見するところに、そのめあてもありねらいもある。

(一) 自分の意見を正しく、わかりやすく、発表する能力といいうべきことははつきりという態度を養うこと。

民主主義では、各人が自由率直に自分の意見をのべることが大切である。今まで口数の少いことを控え目であることを美徳とした兒童には、発表能力の低いものが多い。　なるべくいうまいとする傾向が少くない。　討議法はこの欠点をのぞいて、言語を通しての共同学習修練にはもつてこいのものである。

(二) 他人の意見をすなおに聞くとともに、その眞意をまちがいなくつかみ得る能力を養うこと。

討議法によつて、どこまでも理性的に、平静に、寛容さを失わない態度を養つていかなければならない。

(三) 各人の意見を比較することによつて、批判力や反省力を養うこと。

(四) 討議を通して結論を導き出し、且つかくして得た結論のねうちをはつ

きり知ることができる。

(四) 社会的経済的な各種の問題に対する認識を深めること。

(五) 会議の開き方進行の仕方、座長としての心得、各人の心得など守らなければならない諸注意などを身につけさせること。

二、討議法はどのように実施したらよいか。

(一) 実施に先だって予め準備すべきこと。

イ 問題の選定

討議法はあらゆる教科で、随時取り入れらるべきであるが、特に一時間、又はそれ以上の時間をあてて実施する時には、時事問題、学校の生活の問題が適切である。かかる教材の中から、どんな問題を取り上げるかは児童の討議によって決定されることが望ましい。 次に問題を明かにしようとする点をはっきりとさせ、その目標に達するためにはどういう点が問題になるか、また討議進行の順序等を討議させ、いくつかの小問題と、その討議の順序とを決定させることが必要である。

ロ 調査研究

問題と小問題がきまれば予め研究調査の方法や、必要な資料(書籍、雑誌、新聞その他)などをしらせて、研究調査をさせる。 その場合児童の班別分担をきめさせることもよい。

ハ 座長としての準備

問題のめあてとする所の認識、小題目の軽重、最も論争の中心となりそうな点などを考えて、大体の時間配分の予定を立てること。

低学年や討議になれない児童の場合は、教師が座長にあたるとしても、漸次児童を座長にあてること。

(二) 実施

イ 座席の作り方 円形、楕円形、U字型などがよく、多人数の時は二列にすることをやむを得ない。

ロ、始めるにあたって注意すべきこと。

討議前、座長は、その日の討議の目標、それに到達するまでの順序などをみんなに周知させ、初歩の間は、討議進行の心得とか、陥りやすい欠陥とかを指摘し注意させること。

ハ、討議進行中座長の注意すべきこと。なごやかな空氣の中に、討議が円滑に進行し、しかも妥当な結論に達するようにかじをとるのが座長の任務である。したがって注意をあたえるのもなるべく控え目に、言葉も簡潔にしてほしい。座長と他の児童との間の討議を厳につつしみ、とくに教師が座長の時には、この点に注意を要する。

ニ、妥当な結論が得られない時はどうするか。予定の時間内に結論が得られない場合は、次の機会まで保留して更に研究させる。しかし実践的な問題などで、決定を急ぐ場合には、多数決によることもある。かかる場合は、各人の意見を充分にのべさせ、また決定されたことが、少数意見であっても、欣んで従うという態度をつくるようにしたい。

ホ、しめくくり。最後に座長は、討議進行中に問題になった点や、重なる意見の要点、その解決点、結論に達するまでのすじみちを述べて、しめくくりをする。各人もこれで、自分の意見の発展を反省することができる。

ヘ、座長が児童である時、教師はどんな態度をとったらよいか。傍聴者又は座長の後見役、相談役という地位で、間接指導に当ること。ただし討議の開始にあたっての諸注意やそのしめくくりなどは、初歩の間は教師においてなすことも必要である。だんだんと児童の間のみで行われるように指導すること。

三、実施にあたって、注意しなければならないことは何か。

討議に慣れていない國民、特に児童にこれを実施するとさまざまの欠点があらわれてくる。これに習熟させる注意事項を述べて見たい。

(一) 児童の能力に應じた問題を選ぶこと。

問題が児童の能力や生活とあまりにかけはなれたものであると、[illegible]雑誌新聞などで研究したそのままを発表するだけで、非自主的な意見のみにとどまり、他の批判も出来ないという結果になりやすい。

(二) なごやかな雰囲気をつくること。

討議の仕方によっては、やゝもすると妙に緊張して固くなったり、討議進行中思わず感情が激してきて、暴言したりしやすい。司会者は常に考慮を払ってもらいたい。人数の問題で緊張に影響するのだから、まず十人位の小人数でなるべく身近な問題について話し合いをする機会をたくさんたびたびつくってほしい。

(三) なるべく多くの者に発言の機会を與えて、少数者の独占にならぬよう注意すること。

一部児童の独占場にならないようにするとともに、司会者たる以上、参加者は意見発表の義務と責任とのあることを十分に理解させたい。

(四) 一時の思いつきをのべたり、無責任な放言をしたりしないように導くこと。

かれこれとあまりやかましくいうと、発言をためらうようになる[illegible]度さに應じて寛厳よろしきを得たい。

(五) 他人の意見に耳を傾ける寛容さを失わぬこと。

他人の発言に耳を傾け、その真意を理解してこそ、正しい批判も出来、自分の意見の反省検討もできることを十分に徹底させたい。

(六) 感情に走らず、あくまで理性的に進行せしめること。

意見の相違対立が、かえってお互いを近ずける機縁となり、親密さをますようにありたい。

(七)わき道にそれないように注意すること。

中心問題からわき道にそれるとき、座長は本筋の軌道にかえすよう注意し、各人も本筋からそれないように気をつけさせることが必要である。 討議中新しい問題が出たときこれを取りあげるか、保留するかは、課題の解決に役立つか否かで座長が適宜処理すべきである。

討議法の精神は、その特設時間のみでなく、あらゆる機会にいかさるべきである。国語における鑑賞、算数における解法の発見や検討、歴史や地理における各種の比較考察、理科における実験観察の検討、芸能科における作品の鑑賞などよい機会である。 更に教科外における運動や作業などにおいても、計画を立てたり結果を反省したりする場合や、映画を見たり、放送や講演をきいたりした後に、その感想を話し合う時など、機会はいつでもある。 むしろこんなときが、自由にのびのびと話し合えるではないか。

低学年では、児童の身近な問題をとりあげて、自由に話しあう間に発表する能力をのばすことにおもきをおくがよかろう。 そして三四年頃の、自己意識が目ざめかけ、理知的な方向に向いかける時から、時々特に時間をとって少しずつ本格的に実施し、学年の進むにつれて、漸次組織的に行っていくがよかろう。

附録一、討議法の実際

まえがき

一、時日　一九四六年一月二十三日
二、学年　初等科第六学年
三、児童数　男二五、女三一、計五六
　　当日の出席数　五四
　所要時間予定　五〇―六〇分
五、主題の選択について
　当時児童の関心のもっとも深いものを取りあげる意味で、全児童に投票させたところ左の結果を得た。

　食糧問題二六、闇市場問題九、省線電車について（混雑の緩和と車体の修理清掃）、強盗問題五、汽車の乗車券購入について三、停電問題三、等。

　よって絶対多数たる食糧問題を取りあげたのである。
六、討議の目標
　児童の研究討議の発展を、指導的にまとめていくプランではあるが、教師としては、大体道徳的、政治的、経済的な面を、おもな関聯の中心として、多角的な児童活動をまとめていく意図であった。
七、討議前の過程
　児童は調査や活動の進むに従い、しだいに真剣になってきた。かれらは毎日のラジオ・新聞の中から速記したり書きぬいたり、又父兄の意見をも持ちよって討議した。議記録だけ見るといかにも大人の口真似のようにも思われるが、それは案外自然的な観念の発展であった。
　観念の発展―それは子供であり、経済背景のインテリ層の子女であるだけに、理知に配された観念的なものであるとしても、——一應は理解に到達しつつあることがうかがわれる。

教師　この前から約束しておいたように、きょうは今年の食糧事情について、みんなの考えや意見を自由に話しあうことにしよう

まず、今年の食糧事情について、正しい考え方正しい理解を持ちたいと思います。そこで、前週からしらべたことだが、今年のお米の減收、つまり不足の原因について、みんなの調査をまとめておこう。

A生、去年の春から夏にかけて低温であったことと、夏の日照日数が不足であったこと、花が開くときに風にじゃまされたり、実のる時に雨が多かったために、十分みのらなかったこと、そうした天候の状態よりももっと大きな減收の原因は、長い間の戦争で地味がかれきったこと、それから兵隊にいったり工場に徴用されたりして労力の足りなかったことなどで、これまでにないひどい不足になったのです。

教師、ところが新聞やラジオによると、今年は一千万人位の餓死者が出るかもしれないということだが、これはたいへんなことだ。もしそうだとすれば、この凶作だけがその理由ではないように思うが……。

B生、終戦後、人の心が落ちつかなかったことと、それから米産地の朝鮮と台湾とを失ったため、これまでたくさんはいってきた移入米がこなくなったこと、佛印やタイなどからお米がはいって来なくなったことと、復員や海外同胞の引上げで人口の増加してきたことなどで一層足りなくなりました。

教師、そういったことが、食糧事情を一層困難にした。それではどれだけいったい足りないのか、ものごとは数字であらわすことが研究の確かな材料になり、そういう数字によって始めて正しい考え方ができる。

C生、内地では毎年お米を六千万石から六千五百万石收穫していたが、去年は僅に

四千三百万石しかとれなかった。朝鮮、台湾から移入していた米は、平均一千二三百万石だったがそれが来なくなりました。 昨年の產米四千三百万石に、薯、麦、未利用資源など米にして大体百万石と見て一人二合一勺の配給をするにはなお二千万石足りないしまつです。

D生、(1)内地、台湾產米高の棒グラフ、

(2)朝鮮、台湾及び外米移輸入割合の棒グラフ、

(3)昭和二十年の產米高、二十一年の絶対必要高、未利用資源の棒グラフ

をかかげて、

内地產米は、昭和十六年五千五百万石、十七年六千七百万石でしたが、二十年には四千二百九十七万石でした。 昭和十七年には、朝鮮で一千万石、台湾で五百万石、合せて二千五百万石とれました。 今年も外國からお米の輸入ができるとすれば朝鮮からさしあたり六百万石輸入することができそうだということです。 それでも(グラフを示して)これだけお米が足りません。

戰前の統計ですが、内地で不足する米の六七パーセントは朝鮮、台湾から移入し、三三パーセントは外國から輸入していました。

今年日本で絶対必要とするお米の量は六千三百万石、とれたお米が四千二百九十万石、未利用資源百万石を加えても、まだこれだけ(グラフをさす)たりません。

敎師、どれだけお米が足りないかということは、この図表と今の説明で大体わかったね。二合一勺にしても二千万石足りない。マッカーサー司令部の許可をえて朝鮮から六百万石入れたとしても、まだ千四百万石足りないという状態だ。この不足に対してぼくたちは一体どうしたらよいのか、考え方は三つある。 その一つはまず増產、次に外國よりの輸入、もう一つは使い方にむだがありはしないか、こういうことを考えなければならぬ。 いずれも重大な問題だが、今日明日の当面の問題は、消費と供出にかかっている。 まず供出の問題について、どうして供出がおくれているのか、これを供出する農村の立場と、全くの消費者の立場と二つにわかれて、みんなの自由な意見

を話しあつてみたいと思うが、その前に、供出の制度と配給のやり方はどうなつているのか、しらべてもらつた三組に話してもらおう。

E女生　米の供出配給組織の図表を示して、

供出と配給のやり方は次のように政府できめています。一昭和十五年から政府は米の公定價をきめました。　二、どこでどれだけ出すという供出の仕方をきめました。　三、米の仲買人や米屋はそこで働くようにしました。　四、買う方には米の通帳というものができてそれぞれ配給所で米を買うようになりました。

五、配給米は年齢と仕事によつてちがいます。一才から二才まで一二〇グラム、三才から五才まで一七〇グラム、六才から十才まで二八〇から二五〇グラム、十一才から十五才まで四〇〇から三六〇グラム、十六才から六十才までは三三〇グラム、二合三勺、現在は三〇〇グラムで二合一勺です。六十一才以上は三〇〇グラムというようになつています。

内地米も外地米も一度政府へいきます。そこから地方の食糧営團へ、地方食糧営團から各配給所へ、配給所から各家庭に配給されるようになつています。

教師、供出の最近の状態はどうだろう。五組に新聞でしらべてもらいましたが……

戸生、今年の供出の割当二千六百五十九万石に対して、十二月十日までに二百九十二万四千六百石、一割一分、十二月二十日までに四百七万石、一割五分、一月十日までに六百七十七万四千五百石、二割五分であります。

農村を除いた一ヶ月の全國の消費量は四百万石であります。割当全部を供出したとしても四五月ごろまでにたべつくすのに、このようにおそいと、明日にも配給がとまつてしまうことになります。　十二月二十日までの各地の供出状況は、東北一割二分、関東一割三分、北陸四割五分、近畿一割四分、東海六分でありました。

教師、いま発表のとおりですが、農家の人たちはそれについてどう考えているのか、やはり新聞でしらべてもらつたことを、……

G生、一月十五日の朝日新聞の「声」の欄に農民の言葉が出ています。供出しない農家のいうことです。「おれたちは、闇の農具を買い、闇の肥料を施して収穫したのだ。公定價で配給される農具は無いのも同じだし、肥料はほんの申しわけ程度だ。闇で仕入れて、公定價で商品を販賣する商人はないだろう。われわれも高い闇値でいろいろ工面して道具を集め、肥料を得た以上、バカ値のような公定でしばられる供出はバカバカしくて完納できない。政府はこんど米七〇パーセント以上の供出者に対して肥料を特配するそうだが、一石五十円で供出してえた金額で、雀の涙のような僅かな肥料を得るよりは、米一俵を物々交換すれば、肥料を少なくとも硫安にして三、四カマスはえられるでしよう。」と書いてありましたが、こんな氣持の生産者がいるので、供出の成績が悪いのです。

敎師、いまのは供出を十分にしていない農村の人の声だが、それに対して完納した農村についてもしらべてある筈だね。

H生、いまいつたような農村があるかと思うと、こんな農村もあります。一月五日の朝日新聞に出ていましたが、保谷町では供出を完了、馬鈴薯、麦、甘藷も百パーセントの供出を完了北多摩郡のトップをきつたものとありました。同町のこの輝く完納は、農業会長以下の並々ならぬ努力、ことに実行組合の協力敢闘、全農家の努力を忘れてはならない。幾多のうるわしい話題の中に、同町第四実行組合の加藤トシさんは、夫は出征して終戰後の今日まで復員してこない。盲目の母六四才、五才、七才、九才という三女をかかえながら、一町三反三畝余を耕して敢闘、女手一つで米、麦、馬鈴薯の供出を完遂した。また同町第一農業組合では、組合員二十六名が協力一致、全供出百パーセント、甘藷のごときは二百パーセントの供出をあげたという。全農家の手本とすべき話であります。

敎師、いま発表された話のように、世の中はいろいろだね。農村もいろいろだ。それはそれとして、供出の割当はどの位かということを知つていなければならない。

K生、去年の米の収穫は四千三百万石、供出の割当は五割三分の二千三百万石となつています。昨年は二千三百四十万石が農家の手持でしたが、今年は八割の二千万石となつています。

教師、以上しらべてもらったところを参考にして、供出の問題について、いかに考えどんな方策をたてたらよいか、思いきってみんなの意見を出したまえ。そうして政府がいかになやんでいるこの問題を正しく理解しよう。まず農村以外にあるわれわれの立場から、どうして供出がおくれているかということを討議してみよう。

（以下は消費者側は「消」、生産者側は「生」）

消男、このままほっておいたら、都会の人間は餓死してしまうのに、農村の方はどう思っているのだろう。

生男、農家にとっても肥料は足りないし、それに農具も足りないので、なかなか都会の人たちの思うように供出はできません。

生女、見返り物資を下されば出しますよ。

生女、作業服や農具や衣を持っていかなければ賣ってくれない。だからそういうものを都会からだしてくれれば、安心して供出ができましょう。

消男、そういう物資はこちらも困っているのだから、農家にどしどし出すことはむずかしいと思います。

消男、あまり米の値が安すぎる。そんなところは農家に同情しますよ。

消男、私たち都民の本当に困っていることを、新聞やラジオで毎日々々知らせたら、少しは同情し理解して、都市への協力もしてくれることと思います。

生男、みんな供出して今年の飯米だけしかなければ、来年もし不作だと自分たちがたべるお米がなくなりますから、それが不安で無理な供出はできません。

消男、田舎には雑穀なんかがたくさんあるから、もっと供出してもよいと思います。

生男、東京には空地がたくさんあるから、そこに諸々雑穀がつくれるでしょう。

消男、国民が飢えればどんな暴動がおきるかもわからない。それをほっておけば、國は結局つぶれてしまうのでないか。

教師、さっきからきいていると、生産地の農村と消費地の都市とで喧嘩をしているようだが、みんな同じ日本人じゃないか。そして戦に負けちゃったんだ、困っているのだ。戦争中一億一心といっていたが、いまこそその一心になる時だ。供出の問題などで喧嘩していてはだめだ。農村ではこういうところが困っている、何とかならぬか。都会にはこういうところにむだがあり、反省せねばならぬところがある。こうすればよいとお互に助けあうような考え方で話を進めなければだめだね。

生女、私たち農民はどしどし供出しますから、都会の方ももっとたくさんものをつくってほしい。そうしたら農村と都市で手をつないで、新しい建設にすすんでいかれるのではないでしょうか。

生男、自分たちの出した米を誰がたべるのかわからない。自分の出す米は東京にいくのか大阪にいくのかきめてもらいたい。そしたら直接生産者と消費者とがつながるようで、どこどこの米はおれたちが引受けるという気持、責任感が強くなります。

消男、みんな日本人のところへいくのだから、どこにいってもいいではないか。

生女、去年も一昨年も農具や何かを出すから供出しろといっていましたので出しましたが、ちっとも交換の物資はきませんでした。農民はだまされたといっています。

生女、供出したいけれども、復員したりなんかして、自分の食糧が心細くなって来たので、なかなか出せないんです。

消男、田舎にはいろいろなものがあるからいい。雑穀とか未利用資源の野草とか諸蔓とか。

生男、諸蔓なんかたべたって、そのままでは米の代りにはならない。

消女、苦しい時はどちらでも同じではありませんか。がんばって出していただきたいものです。

生男、都会でいろいろなものをつくってくれれば、少しは米を出してもよいと思います。だのに今日都会の方では必需品を生産していないではないですか。

消男、肥料その他農村で使うものをどしどしつくるから、たとえば今までの軍需工場などが、りかえて、農具肥料の生産に盛んになるから、供出の方も早めてもらいたい生女、諸麦などは供出の外にたくさん手持があっても、町から衣料なんかもって買出しに来られると、こちらも衣料がほしいから、つい賣ってしまう。

消男、都民は今日明日の米に困っているのですよ。焼跡を耕して種をまいても、収穫があるというわけではありません。だから一刻も早く米を供出してもらいたい。

生男、よくわかった。だから肥料と農具とをまずたくさんつくってください。でないと、いつまでたっても米はでまわりません。

消男、つくります。

消女、闇をやめたらもっとたくさん出ると思います。

生男、それは買手がかってに闇値をつけたじゃないか。

消男、闇はお互にやめましょう。何といっても農村に入用なものをどしどしつくってたくさん送ることです。

生男、それなら安心してみな供出してしまいます。

教師、それで先生も安心した。まだ意見はあると思うが、今日はまだ次の問題もあるので、供出の問題はこのくらいにして、みんなの意見をまとめてみよう。米は一石百五十円だから一升一円五十銭だね。ところで闇はいくらですか。

児童、七十円です。

教師、大変な開きだね。これでは政府で高く買上げることがまず必要と思います。次に農家ではつくっていないもの作れないもので、しかも農家に必要なもの、たとえば肥料、地下足袋、作業衣、農具、こういったものは都会でどしどしつくって農村へ送る。そうするとお米をはじめ農作物がたくさんとれることは請合いだね。したがって都会生活者は十分腹ごしらえができて都市の生産が上る。その農具や作業衣、肥料が農村へいって、一層増産に役立つことになる。それから闇をやめてもらいたいというのが両方にあったと思うが、これは結局両方でやめるようにしたいものだ。一方では効果がないからね。供出については、割当の不公平もあっただろうし、供出すれば

ほ

繰り返してやるといって、すなわち還元配給米のことだが、それが差引かれたり、又は全く配給のなかったところもあると聞いている。 それから都市の餓死問題については農村も決して軽視してはいない。 さっき誰かのいったように、都市生活者の実情をラジオや新聞で毎日農村に強く呼びかけて、供出の國民運動を強化することも、非常に効果のある方法だろう。 それから皆の論議の中にはなかったが、供出は一度決定したら再供出などさせないこと、また供出の割当が秘密主義であったこともよくなかったことだと思う。 だから誰にも納得のいく方法であるように、政府も國民も考えなければならぬ。 肥料のことが大分論議されたが、昨年末の議会で農相は、無機肥料を二十一年度には七十五万トン、二十二年度には二百万トン生産の発表をしているし、堆肥には五千万円の報償制もあることだから、なんとか心配なくやれるだろう。 しかしとにかく供出が完納しても、四月か五月にはたべつくしてしまうことになるのだから、容易ならぬ重大問題なのだ。 困る時はお互だ。 都市も農村も一つにかたまろうじゃないか。 二三日前の新聞で見ると、供出が遅としてはかどらないので、政府の手によって十分に供出させよう もし出さないものがあれば強制する。 出したお米は適正に配給することにきまった。 それから農村、とくに小作人たちを國が手厚く保護するという法律もできた。 農村の人も大いに発奮し、努力しなければならぬわけだ。

さて供出の問題はそのくらいにして、こんどは二合一勺の配給米でどうして食べていくかということが、お母さんお父さんのなやみだが、この二合一勺でどのようにして日々をまかなっていなか、これについて女の組の人にしらべてもらったから発表してもらおう。

八組女 私の家の家計簿の公開です。 七人家族で一日の配給は一升五合、ある程度おなかをみたすには二升いります。 朝一升二合の米をたき、おかずは野菜三百匁をつかいます。 おひるはお弁当でごはんですが、うちにいるものはすいとん、ぞうすい、雑やいた代用食です。 夜は八合のお米に大根三百匁くらい加えてたき、おかずに鰯を個くらい。 たまにはかんづめ、肉などの時もあります。 これも毎晩ではお米が足りないので、五回に一回はぞうすいにしています。栄養を補うためには、何かにつけて油を少しずつつかっています。こんな風に工夫しても、配給だけでは足りないので、高いおいもを買ったり、田舎で手に入れたお米などで補っています。栄養失調にならないだけの生活をするには、月に一人二百円ばかりかかります。七人で千四百円、多少ものを買うときには二千円はかかります。大根一本三円、麦一升三十円、大豆一升二十五円、おいも一貫目三十円、お米一升七十円というのが相場です。お醤油や味噌の配給がたいへんおくれているので、ソースを代用しなければならないのですが、これは一升四十円はします。魚や肉の高いことはおどろくばかりです。七人のお米の配給の内訳は、三〇〇グラム祖母、三三〇グラム父、母、姉二人、四〇〇グラム妹と私、合計二四二〇グラム、桝目にすれば約一升五合で、五合足りないわけです。

教師、こんどは七組。

七組女、四人家族で、ごはんを十分にたべようと思うと一日一升二合いりますが、配給ですと九合六勺です。どうしても一回は代用食かぞうすいにしなければなりません。大体朝は一合五勺でおぞうすいにして、それに大根を二百目ぐらい。おひるは大根を百目くらいいれて三合でごはんにします。夜は大根を百目くらいいれて四合でごはんにします。時々近所からひき臼をかりてきて、小麦や大豆その他いろいろなものをひいて、だんごなどをつくって代用食にすることもあります。その他栄養をとるためにおぞうすいに油をいれたりします。おひるはお野菜、夜はお野菜とかお魚とか、ある時お肉などをたべています。こういう風にしてお米の足りないところは、近所で貰っていたお藷を一貫目二十七円で一俵買いました。それも十日ぐらいでたべてしまいます。

教師、いまの二人のおうちの状態で、お金のかかることと、お米の足りないことが、まざまざとわかるね。そこでもう一つの問題は、この三合一勺で、われわれの健康、活動力にどんな影響があるだろうか、これを栄養の方からしらべてもらったのだが。

十組女、

標準カロリー、配給カロリー、絶対必要カロリーの表を示して、

二合一勺の配給と栄養問題、国際経済学の九月十月号を参考にして、十組の五人と先生とでしらべたものです。

日本の栄養学者の長い間の研究の結果、日本人の日常生活に必要な標準熱量は二四〇〇カロリーで、主食から七割ぐらいとるとすると一、六八〇カロリーで、お米にすると一日四八〇グラムとなります。 ところが二三〇グラムの配給ならば一、一五〇カロリーを引いた一、二五〇カロリー、これは副食物からとらなければなりませんが、高い闇値で買えばとにかくとして、普通では三〇〇から四〇〇カロリーです。だから主食副食合計一四〇〇から一五〇〇カロリーが、配給カロリーとなります。 これにいろいろなことで求めたものを加えて、一七〇〇から一八〇〇カロリまでこれで漸く餓死をまぬがれていることになります。 東京衛生試験所の石原博士、大阪市立科学研究所の下田博士の研究によれば、日常生活に必要な最低熱量は一七〇〇カロリーです私たちのいまの食糧状態は、さらに減じて三〇〇グラムですから、ぎりぎりのところまできていることがわかります。 このように主食副食の配給はカロリーから考えると本当にたいへんだということがわかります。

教師、こういう状態だがこれを救う一つの方法として粉食の問題がある。 これについて九組。

九組女、増産と外米輸入とともに、食物のたべ方、料理法についても無駄がないように工夫しなければなりません。 その一つの方法として粉食の断行が考えられます。

一、私たちの主食はお米です それは一反歩からとれる量が多いだけでなしに、質がよいので主食として適当ですがこれを普通のごはんとしてたべることが、もっともよいかどうかは研究する必要があります。

二、ごはんをたくに要する燃料などにも、いろいろ考えられる問題があるでしょう。

それよりも食糧の絶対不足の今日、粉食にすることが、量は少くても完全に消化吸収され栄養の方面からも普通のごはんよりも合理的だということがまず考えられなければなりません。

三、日本人は早飯を得意としていますがこの悪い習慣はなかなか改められない。粉食にすれば、この弊を除くことができます。

四、わが國の食糧事情から、たべられる物資はすべて食糧にしなければなりません。稗、粟、とうもろこし、いもづる、どんぐり、野菜類、みな粉にして玄米粉にまぜ、適当に小麦粉にまぜて、パンにして配給すれば、食糧事情はよくなるだろうと思います。

五、このような事情から、玄米粉食は栄養学的にもっともよいと、栄養学者もいっています。

教師、研究発表もまだ残っているし、又現在の配給量についても、家計上から、又生活力とか健康上からとかの角度から、意見の交換もやりたかったし、粉食についても皆の家で現在実施していることを土台として、色々の資料をだして話し合う筈だったが、予定の時間もすぎたので、今日はこれでやめて、次の時間につづけることにしよう。

附録、マッカーサー司令部発表教育関係指令はここでは省くことにする。

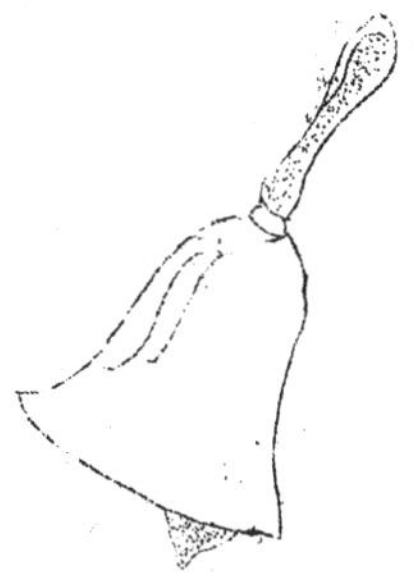

文教時報

7

沖縄文教部

一、一九四七、十二、

はしがき

民主主義教育はいかにあるべきかという問題は、わが沖縄教育における当面の重大関心事であります。その教育はあくまでも、人間の生長と発達を目的とするものであらねばなりません。このような新しい教育の参考になるよう、教育心理学上の次の問題をとり上げました。

イ、藝術としての教育
ロ、民主社会の児童教育
ハ、家庭、学校、環境
ニ、観察、実験、討議
ホ、年齢による児童生活の発達

御精読をお願いいたします。（但し第七号はイ、ロを取り扱いハ、ニ、ホは次号にゆずります）

第七号　目次

く、藝術としての教育

第一節　教育と藝術

「教育者の心構え」

良い教育者になるには、何よりもまず良い人間でなければならない。これは一般的教養の問題であって継続的な努力を必要とする。またそのためにはいろいろな教育現象の研究、特に、健全な教育の基礎である人間の生長と発達についての研究は欠くことのできないものである。継続的な努力は単に時間的のみでなく、廣範囲でしかも多方面の努力を求める。というのは、最もよい教育は単なる應用科学以上のものであるからである。それはいわば藝術ともいうべき創造的活動である。しかし科学的態度はまた藝術家である教育者にとっても、欠くことのできない用意である。

「教育活動の中心」

教育は、確かに人間の生長と発達という基礎の上に成り立つものであり、それを基としてのみ成り立ち得るものではあるが、個々の人間の生長と発達を放任することは、決して教育ではない。教育は、その目的に到達するために、人間の生長と発達とを助け、導くところの活動である。目標へ向っての活動である。教育過程は、教育計画を設定する基礎となる教育の目標、または目的その発達の過程において学習者に影響を與える教材または内容、この発達を助け促す方法、または教育者の活動などを包括している。しかし学習過程の中心は常に子供である。学校はこの複雑な過程を可能にするひとつの社会のはたらきである。それはすべてを総合するという点で総合的であり、社会の前の状態をよりよいものへと改善していく点において創造的であり藝術的である。それはまた性格、知能、身体、情緒および社会性の発達等人間性のあらゆる面の発達を助けるという意味でも総合的である。

從って教育者として研究すべき分野は良い人間となる為の教養の方面、あるいは良い専門家となる為の知識と技能の方面など極めて多端にわたるのであるが、さしあたり重点的に考え、教育の目的と教育者の資質について述べることにしたい。

第二節　教育の目的

「教育の目的考察」

教育の目的が人間の生長と発達を根本とすることは明らかである。それは狭い意味では、教育者が子供の教育を指導する営みであり、最も廣い意味では、およそ社会がより良い社会に発展して行こうとするところの社会の営みの一つである。その直接の対象は、社会制度やその経済機構の変革ではなく、あくまで人間の生長と発達を助け、よりよい人間を育てあげることによって人間社会を発展させようとする特殊な営みである。ここで言う社会とは、もちろん、すぐれた人類の社会即ち自由な真実な人道的且つ民主的社会をさすものである。それゆえに教育の目的は人間の生長と発達とを社会のためにゆがめようとするものではなく、反対に、人間がみずからの持つ力を十分に生長、発展させることができるような社会を実現することにある。前者は誤った古い専制主義、独裁主義であり、後者のみが正しい、新しい、自由な、民主社会である。このような社会をつくり出し、育てるためにわれわれは最大の努力を払わなければならない。このような社会の実現と育成とに大きな役割を持つ教育者は、常に新しい社会の姿を念頭に浮かべていなければならない。

「教育の一般目標」

一般の教育について具体的な教育の目標を考えて見たい。次に掲げる「教育目的の分析」はその一般目標を示したもので、アメリカ合衆國の國民教育会（National Education Association 略して N.E.A.）の教育政策委員会（Education Policy Commission）の発表によるものである。教育の目的には四つの面がある。即ち(一)人間それ自身、(二)家庭及び社会における人間と他人との関係、(三)物質的な財貨の創造と使用、(四)社会公民的活動である。第一は教育された人間について述べたものであり、第二は家庭及び社会團体の、教育された成員としての人間について、第三は教育された生産者及び消費者としての人間について、第四は教育された公民としての人間について、それぞれ述べたものである。この四つの大きな目的の集まりはまた、自己実現、人間関係、経済的能力及び公民的責任とも言えよう。

一、「自己実現の目的」

探究心　教育された人は学ぶことを欲する。

話すこと。教育された人は國語を明確に話すことができる。

読むこと。教育された人は、國語をよく読む。

書くこと。教育された人は、国語をよく書く。

数。教育された人は、数えたり計算したりして自分の問題を解く。

見たり聞いたりすること。教育された人は、聞いたり見たりすることがじょうずである。

健康の知識。教育された人は 伝染病などについての基礎的な事がらを理解している。

健康の習慣。教育された人は、自分や自分の家の者の健康を保護する
公衆衛生。教育された人は、社会の健康状態を改善するために働く。

体養。教育された人は、多くの運動や娯楽に参加したり、またそれを観覧したりする。

知的関心。教育された人は、ひまな時間を使用する「知的な方法を持っている。

美的関心。教育された人は、美を愛好する。

品性。教育された人は、自分の生活に責任ある方向を与える。

二、「人間関係の目的」

人間性の尊重。教育された人は、人間関係を第一に考える。

友好。教育された人は、豊かな誠実な種々の社会生活を楽しむ。

協力。教育された人は、他の人々と共に働き共に遊ぶことができる。

礼儀。教育された人は、心地よい社会慣習を守る。

家庭の愛好。教育された人は、社会的な集まりとしての家庭を愛好する。

家庭の保持。教育された人は、家庭の理想を保持する。

家庭の建設。教育された人は、家庭を作ることが巧みである。

家庭内の民主主義。教育された人は、民主的な家庭関係を保持する。

三、「経済的能率の目的」

仕事。教育された生産者は、良い仕事をすることによって満足することを知っている。

職業の知識。教育された生産者は、いろいろな仕事の要求と機会とを理解している。

職業の選択。教育された生産者は、職業を選択する。

職業の能率。教育された生産者は、選んだ職業に成功する。

職業の調整。教育された生産者は、かれの能率を維持し改善する。

職業の愛好。教育された生産者は、かれの仕事の社会的價値を認める。

個人の經濟。教育された消費者は、自分の生活の經濟を計画する。

消費者判斷。教育された消費者は、自分の支出の基準を発展させる。

買い方の能率。教育された消費者は、知識のあるじょうずな買い手である。

消費者の保護。教育された消費者は、自分の利益を守るのに適当な手段をとる。

四「公民的責任の目的」

社会正義。教育された公民は、人間の環境の不平等に対し敏感である。

社会活動。教育された公民は、不満足な状態を是正するために働く。

社会の理解。教育された公民は、社会の構造や社会の過程を理解しようとつとめる。

批判的判斷。教育された公民は、宣傳を盲信しない。

寛　容。教育された公民は、誠実な種々の意見を尊敬する。

保　存。教育された公民は、國の資源を尊重する。

科学の社会的評價。教育された公民は、公衆の福祉に貢献した度をもって科学の進歩を測る。

世界の公民精神。　教育された公民は世界という社会の協力的成員である。

法律の遵守。教育された公民は、法律を尊ぶ。

經済の教養。教育された公民は経済的教養を具えている。

政治的公民精神。教育された公民は、公民的義務に應ずる。

民主主義に対する献身。教育された公民は民主主義の理想に対する確固たる忠誠のもとに行動する。


これらの價値の適用は所により、時により異なるであろう。したがって、この動的な、変わって行く世界において、どこにでも適用でき、永久に継続するような詳細な目的を展開することは不可能である。読者は、わが郷土が今いかなる時代にあるか、又いかなる場所であるかをよく考え、これを参考にし、適切なる指導に向かって更に創意工夫されんことを望む。

第三節　よい教育をするにはどのような能力が必要か

「よい教育者の資質」

教育心理学や教育に対する科学的態度を身につけただけでは、よい教育者にはなりえない。即ち芸術家とでもいうべき教育者にとって他に重要な資質がある。次におもなものをあげてみよう。

一、教える資料に十分精通していること。

二、これらの資料が人間生活に対して持つ意味をよく認識すること。

三、これらの資料を人に知らせ味わわせることに熱望をもつこと。

四、学習者がこの資料に精通するのに出会う困難に同情ある理解を持つこと。

五、この困難を克服し得る技術を自由に使い得ること。

これらの項目は非常に明らかで、かくべつの説明を必要としないと思うが、簡単にこれに関連する二、三の事がらを考えてみよう。

「研究心」

教育者の仕事は研究、授業の準備、他の人々の知力の評価等を包含しているが、とりわけ効果的な資料を以って人間の生長と発達を助けることが最も重要なことである。これらの資料を研究することは教育者の生命である。それは元来学者の仕事である。しかし研究に喜びと満足とを持ちえない人は、教育においてもほとんど満足することはないであろう。

「愛」

児童をりっぱな社会における人間として発達させようとする熱意、人類に対する深い限りない愛と同情とは、教育に成功し、満足できる最大要件であろう。児童に対する不変の興味と児童の問題に対する深い理解、というより熱い同情(sympathy)とに動機づけられない限り、教室で幸福を感ずることはおそらくは思いもよらない。この点からして、教材に対する学者的関心と児童に対する愛情的関心との間には明らかな区別が存する。教育においては児童の生長と発達とに対する興味が、他の何ものよりも優位を占めなければならない。

「人がら」

現代の良い教育を研究した結果はすべて教育者の人がらというやゝばく然とした要素を非常に重視するようになった。効果ある教育をする人に寄与するような著しい特性は四つある。第一は教育者は児童に対して純正な愛情を持たなければならないことである。幼い子供たちは自分たちの感情や切望や努力に対して根本的な理解を持たないことを早く感ずるものである。第二は、他人の立場に自分を置くことができる能力である。第三は、好奇心を喚び起し興味を保持するような説明の巧みさである。最後に特に教育者の人がらに欠くことのできない要素として、感情の均衡、精神の健全または一般的な気質の安定ということである。

「管理の能力」

巧みに学級を管理して行く能力は、すべての教育に基本的な心理学的要素である。学校における訓練の究極の目標は、児童の側における自己管理、自己統御を育てることにある。現代の学校は、たいてい、学校に対する多くの責任を児童に與えている。若い教育者は、児童・生徒の自治の精密な計画に立ち入るべきではない。責任は、児童がそれに應ずる能力を証明した時に、児童に與えられるべきものである。しかしどのような児童・生徒の集團にでも、非社会的行動に対する罰を割り当てることが許されているか否かは、大きな疑問である。そのような行動は、教育者の賢明な判断を必要とする。

「独創性、創造性」

技術または方法は、独創性、創造性を備った時にのみ最もよく発展する。この独創、創造は良い教育に不可欠の要素である。教育者は、教科なり学習指導要領の盲目的な追随者ではないという意味でも独創的でなければならない。教室の環境は、教材が児童の発達段階や興味に順應させることを要求する。これらを取り扱いながら、教育者もまた自分を絶えず環境の変化に順應させなければならない。創造性、独創性を持たない者は、いろいろな学級環境の中で途方に暮れるだけであろう。創造力は常に必要である。それは環境をよく知り、積極的に行動を統制し指導するところから生ずるものである。それは決して児童を原料として教育者が、あらかじめ考えた型に入れこしらえるということではない。教育者の任務は児童にとって最適な学習と生長発達とに役立つような学級全体の空気を創り出すことである。実際、教育者は学校の教育を個性化し、環境に適切な結果を得るように努めなければならない。

技術家たる教育者は応用科学を大いに利用すべきである。即ち、学校の教育計画の科学的基礎に対する深い理解がなかったならば、教育者はただまごつくだけで、よい成果をあげることはできない。教育はある意味で、交響楽か管絃楽のようなものである。この仕事は長い研究が必要である。そしておのおのの指揮者は、その楽曲にそれぞれ異なった解釈を施す。指揮者はその曲を芸術作品とするように指揮する。楽器と楽譜とは、教育者の準備する教材と学習経験とにたとえられる。教育者は指揮者である。どうしたらこの管絃楽が最高の調和の美を発揮するかを研究することが、教育者にとって大切な手がかりである。

バーグリー（William Chandler Bagley・米）は、教育者は創造力を働かす点では時に芸術家であり、専門的知識を用いる点では時に応用科学者であり、きまり切った労働に従事する者としては時に熟練工であると言っている。このようなわけで、よい教育者は必要な要素を簡単に要約することは不可能である。

ロ、民主社会の児童生活

第一節　民主主義の綱領

民主主義は次の五つの信條を基盤にしている。

一、社会全体の福祉。

民主主義は、その社会におけるひとりびとりの幸福、特に不遇な人々の福利に関心を持っている。だから真に民主的な人のあり方は、常に社会全体がよくなるようにという見地に立っている。

二、人権の尊重。

各人に、言論の自由、信教の自由、公正な裁判等が保証されている。民主社会の成員にとって[illegible]同時に、その言動によって他の人権を侵害することは許されない。自由は常に個人の責任を伴う。

三、自　治。

重大決定には全員が参与しその行使を信頼する人に託する。そしておのおのその実現に協力する。支配されるのではなくしてみずから治めるのである。そこではいっさいが自分の意志と責任にかかっている。したがって、個人の利害や幸福はすべての人の関心である。

四、協　同。

意見の相違や利害の対立は、理性や討議、討論の平和的手段に訴えて解決する。ことに権力や暴力に訴えることをきらう。理解し、協調し、実現に参与する。

五、幸福享受の権利。

ものの良否、人の行為はすべて全体の幸福増進にどのくらい役立つかという尺度によって判断される。社会機構もそれが人間の幸福をみたすことにその存在理由がある。民主主義は実に機構よりも人を尊び、制度は人間の幸福のために存在し、もし人の幸福の増進に貢献することができないならば、制度は変更されなくてはならない。

第二節　民主主義と児童生活

以上の諸原則は民主社会一般についてのことであるが、特にこれらは児童にとっていかなる意味を持っているか。児童の生長という点からいかに考えられなければならないか。次に研究したい。

「子供の幸福」

民主社会は、これを構成している人々の幸福を第一とする。子供は子供として幸福でなければならない。子供の社会は、子供の要求をその生長とに合致するものであって、少くとも次のような事項が含まれる。

(一)、男の子も女の子も、すべて明かるい気持で楽しく身体を育て、知能をのばし、情操をはぐくみ、健全な社会関係を助長して、調和的発達を遂げることができるような社会。

(二)、能力や興味に応じて個性が生き生きと発達させられる社会。

(三)、ことにからだのどこかに故障のある子や精神的に欠陥のある子のためには特別な考慮が払われる。

(四)子供にとってだいじな医者や歯科医がよく目のとどくように配慮され特に不便な田舎の子供のためには強く要求される。

(五)適切な栄養は育つ子供にとって決定的である。家庭においても学校においても科学的な研究と理解ある献立がしふうされなければならない。学校給食も漏れなく行きわたらせたい。

(六)子供をよく理解し、人間性を重んずる親・家族・隣人・教師等は最も重要な子供の社会環境である。かかる社会環境の中で、子供たちはそれぞれのびのびと生長すると共に、いつでもかかる社会になんらかの貢献をしようとする精神的態度が養われなければならない。

「人権の尊重」

民主的國家においては、一定の本質的権利―例えば、言論の自由、投票の自由、信教の自由、あるいは法律の保護、公正な裁判等―をその國民に保証している。ここで果たす教育の役割は明白であろう。子供たちはかかる自由権利が持つ意味とその社会関係とをまずよく理解し、そしてこれを正しく行使する途を学ばなくてはならない。いかなる自由は常に責任を伴なっていること、責任の裏づけのない自由はいたずらに混乱をひき起こすに過ぎないことをよく理解し、したがって対他関係の作法や礼儀は、特にしっかりと身につける必要がある。

子供は行うことによって学ぶ。家庭は実にその実習室であり、学校は一つの小民主社会である。ここで互いにして理解ある指導のもとに日々実習を積んでこそ、子供たちは責任観の強い自由人となるであろう。

「自治」

自治は教養を前提とする。単に本能的なものや衝動的なものに従って生活し、自己の生存のみをこととする動物の生活を、われわれは自治と呼ばない。人は対他的関連に生きる。相互に他を立て自己を生かしてゆく上には、その間の社会問題、政治経済の諸問題に対して正確な知識を与えることが肝要である。

「協同」

民主主義は、問題解決の手段として暴力を否定する。問題を相互の理解に基づいて、理性的に解決しようとする。事実の調査と十分な論議とそして協調とがその中心をなしている。

(一)児童は正しく自分の意見を述べると同時に、他の主張を虚心坦懐に傾聴して、その合理性いかんを確かめる態度を学ばなくてはならない。反対意見に寛容であってその人権を重んずることは民主社会の成立根拠をなすものである。

(二)子供たちは計画する際もあるいはその実行に当っても、結果の評価においても、常に協調の精神に立つような訓練がたいせつである。協調は滅私を意味しない。もちろん盲従ではない。それぞれの個人が十全に発達させられ、それによって社会全体に貢献するということが民主主義の根本的考え方である。

(二)学校においては討議法とか、少数の意見も尊重しつつ多数決による法則の正しい運営の仕方とか種々の民主的な方法を学ぶ機会を十分用意すべきである。

(三)学校社会は、威圧的なふんい気に満たされていたり、疑惑や恐怖観念で動く世界であってはならない。

神経質なしっ責や[illegible]などは、往々あることではあるが、いずれも反民主的な行為である。

(五)教育計画には以上の要求が包含されていて、これを扱う人が、子供とその生活に深い理解があり、社会的にも洗練された教養ある人であるならば、その家庭その学校は、必ず子供の人格を尊重する空氣に支配されるであろうから、そこに育つ子供はまた、理性に基づいてそうめいな判断ができ、したがって、協調の精神に立って協同の道を歩むことができるであろう。

「幸福と満足」

幸福は満足と共存する。そして満足感は心豊かな生活から来る。しかしながら、人生には限りがあり、生活現実また千差万別であって、欲望に限りがあるとは思われない。子供の欲望はその身体の発育と精神の発達に伴なって展開する。社会はこの要求に應えなければならない。

(一)およそ人生の行路は複雑多端であって、幸福の限度はかゝる浮動の外界に求めらるべくもないであろう。まさしく満足は心の問題である。満足の青い鳥は、眞に自己の能力を知り、その適し好むところに打ちこんで行くその没頭の中にすんでいる。かくて各自の個性を認め、保護し、そして育てなければならない。総じて幼少の時代は個性発見の時代であるから、美術・音樂・文学・自然愛好等の経験を豊かに且つ多方面に積み、いやしくも個性の発芽をしげきする機会を失なってはならない。

(二)子供の自発性がのびのびと展開するように、押しつけて従わせるよりも、求めて学ぶ喜びと態度とを体得させることが肝要である。この場合、わがまゝと独占、軽薄な移り氣等を助長するに過ぎないような結果をきたしてはならないから、打ちこんで行く態度の助成に万全のくふうをこらすべきである。またとも 幼児は瞬間に生きる。新奇を追って強く動く。前後を考えなければ左右も顧みない。すべてが直接であり、即物的である。そしてその興味はすぐに忘れられ、これに伴なう感情も後までは永続きしない。こだわらないのである。けんかをした友だちともすぐ仲よく遊べるのである。たゞ、それによって得た経験の記憶だけが後の経験におよび、且つ利用されているようである。この心理的事実を十分に考慮しつゝ、青い鳥のすむ専念の世界に指向せしめるよう、徐々に氣ながに導くべきである。

(三)このような努力とその経過を累年的に記録されるならば、それは個性に立脚した幸福な生活に導く健全な指導方針を立てる上に、重要な基礎となるであろう。これは家庭から学校へ一貫したものであったならば完全なものとなったろうが、少くとも学校においては必ず備えるべき記録である。

附録

軍政府教育将校 スチュアート少佐講演要項抜粋

I. PRINCIPLES OF EDUCATION

1. Objectives

a. To train children for citizenship in the community and state in which they will live.

b. To promulgate the principles of democracy.

c. To prepare students for higher education.

d. To develop peculiar talents and skills which will be of benefit both to the student and the community.

e. To develop habits, skills and desires for useful leisure time activities.

f. To train students for gainful occupations by which they can make a living.

g. To gain knowledge and needed factual information (3Rs).

h. To promote cultural and artistic ideologies of the state and race.

2. Hindrances to Education

a. Religion and political beliefs and practices.

b. Tradition and undemocratic ideals.

c. Economic conditions of the state and community.

d. War and the results of war.

e. Lack of natural resources.

f. Health, climatic conditions and geographical location.

g. The caste system and class differences.

h. The failure of teachers and principals to believe that their profession is the most important.

i. Lack of equal opportunities for men and women.

一九五〇年二月

文教時報

8

学務課

目次

教育委員会規程

第一條　本規程は、教育が不当な支配に服することなく人民全体に対し直接に責任を負って行われるべきであるという自覚のもとに、公正な民意と地方の実情に基づいて、教育行政を行う為に、教育委員会を設け、教育本来の目的を達成することにある。

第二條　教育委員会は、左の教育地区に之を設置する。

糸満地区（糸満、兼城、豊見城、高嶺、三和、渡名喜、渡嘉敷、座間味、粟國、東風平）
但し南部農林高等学校を除く

知念地区（知念、玉城、具志頭、佐敷、大里、與那原、南風原）

那覇地区（那覇、首里、眞和志、小禄、みなと、浦添、南大東、北大東、南部農林高等学校）

胡差地区（越来、中城、北中城、宜野湾、北谷、嘉手納、読谷、西原）

前原地区（具志川、與那城、勝連、美里）

石川地区（石川、恩納）

宜野座地区（宜野座、金武、久志）

田井等地区（名護、屋部、本部、上本部、今帰仁、屋我地、伊江、羽地、伊是名、伊平屋）

辺土名地区（大宜味、東、國頭）

久米島地区（具志川、仲里）

第三條　総べての学校は教育委員会の所管に属する。

但し軍政府の直轄する学校は除く。

第四條　委員会は五名乃至七名の委員で之を組織する。

2、左の地区の委員数は七名とする。

糸満地区、知念地区、那覇地区、胡差地区、前原地区、田井等地区

3、其の他の地区は五名とする。

第五條　前條第二項の場合は三名以下、第三項の場合は二名以下を現職の教育職員を以て充てる。

第六條　委員は知事之を委嘱する。

第七條　委員の任期は二年とする。

但し初回委員の任期は第四條第2項の場合四名、同條第3項の場合三名は一九五〇年三月三十一日迄とし、残余の委員は一九五一年三月三十一日迄とする。

2. 毎年三月三十一日に於て任期満了した委員の後任委員は毎年四月一日之を委嘱する。

3. 欠員を生じたる場合は直ちに補充するものとし、補欠委員の任期は前任者の残任期間とする。

第八條　委員は無報酬とする。

但し旅費を支給することができる。

第九條　委員会は、委員のうちから委員長、副委員長各一名を選挙する。

2. 委員長及び副委員長の任期は一年とする。

初回委員長及び副委員長は一九五〇年三月三十一日迄とする。

但し再選されることができる。

3. 委員長は、教育委員会の会議を主宰する。

4. 副委員長は委員長を助け、委員長事故あるとき、又は欠けたときは、その職務を行う。

第十條　教育委員会に教育長をおく。

2. 教育長は、教育委員以外の教育専門家のうちから知事之を任免する。

3. 教育長の任期は二年とする。

但し今回は一九五〇年三月三十一日迄とする。

第十一條　教育委員会に属する事務を処理させるため、教育長の下に一名乃至五名の職員をおく。

2 前項の職員は知事之を任免する。

第十二條　教育委員会の会議は委員長が召集する。
２　教育長又は委員二人以上の者から書面で会議に附すべき事項を示して臨時会議の召集を請求する時は委員長は之を召集しなければならない。
第十三條　教育委員会の会議は定例会及び臨時会とする。
2、定例会は毎月一回以上召集しなければならない。
3、臨時会は必要がある場合に於てその事項に限り之を召集する。
第十四條　教育委員会の会議は在任委員の半数以上が出席しなければ之を開くことができない。
但し同一の事項につき再度召集してもなお半数に達しない時はこの限りでない。
第十五條　教育委員会の議事は出席委員の過半数で之を決する。
第十六條　教育委員会の委員は自己又は配偶者若しくは三親等以内の親族の一身上に関する事項についてはその議事に参与することが出来ない。
但し会議に出席し発言することができる。
第十七條　教育委員会は教育長の助言と推薦により左の事務を行う。其の際は教育長を通じて行わなければならない。
1、学校の管理運営のために必要な細則規程の設定。
2、学校職員の任免配置（当分校長、教頭を除く）
3、教育運営の指導助言。
4、学校管理者並に学校長と合議の上、校舎、運動場等の諸施設を学校当局以外に使用させること。
但し急を要する場合は委員会の議決を要しないで教育長に於て処理することができる。
5、諸学校の廃止、統合の申請
6、中・初等学校区域の決定変更の申請

7. 学校施設、備品、教科書其の他の配給、維持、活用の監督、

8、教育に関する調査、統計を毎月末及び毎学年末に提出。

9、成人教育に関すること。

附　則

第十八條　本規程は暫定規程とし一九四九年十二月九日から之を施行する。

解説（第十七條）

教育委員会は議決機関である。委員会は教育長の助言と推薦によって提出された議題を討議して議決する。委員会において議決された事項は教育長を通じて行わねばならない。議決の権限は委員会にあって教育長には與えられていない。又議決された事項其他教育行政に関する事項は教育長が行うのであって、各委員が行うのではない。

アメリカに於ける教育委員会と教育長制度

一、歴史的発達

アメリカ大陸に移住当初は、それぞれの地区に於て、全住民会合して政治していたが、次第に代表者たる行政委員を選定して教育、教会其他の行政の仕事を委託したのである。

其の後社会が発展し、複雑化するにつれて、学事に専念する委員を持つ必要に迫られて教育委員会が誕生した。

其の名称の変遷が示す通りに、学校委員会から公教育委員会に発展して、成人教育、公衆衛生教育等をも含む教育全般の委員会になってきた。

二、法制上の性質と社会的性質

教育委員会は州の法律に従って、地方社会の要求に應じ地方社会の民衆の福祉に貢献するように教育組織を有効適切に運営するものであって一切の教育上の仕事を計画し実施し評價する責任を負うものである。

それは法制上から見れば、州を代表する法的権威者であり、委員の交代に拘らず永続的な法的生命を持っているので地方教育行政の唯一の機関であり、又立法的機関でもあって、州の法律に依って委託された範囲内では立法もするのである。

社会的機能から之を見れば、一般民衆の意志を代表する機関であり、教育者及び学校側と一般社会との両者の要求を調和する役目を負うている。

又この委員会は教育の中央集権化に対する防塞として地方自治、地方分権の精神に基づくものであるが、地方的セクショナリズムの強化を図るものではない。

この委員会は、更に國家の政策と地方の要求の調和機関であり、地方社会の教育の充実発展に対しても、又國家の公教育の維持発展に対しても責任を負うもので、この両者の要求の本質的調和を「下からの協同」に依って計るものであるから、各委員には地方的見解のみならず、廣い国家的識見が要求されるのである。

三、教育委員会と教育長

地方の教育行政の実施に当るものは、州教育局でもなく、州教育委員会でもない。その唯一の機関は地方教育委員会である。

しかし此の委員会も、直接に教育活動の実際に当るものではなく、教育計画に当るものである。

教育計画と教育実施、教育政策の設定者と教育技術家との接合点となるのが教育長であって、教育の専門家として、教育行政実施の責任者である。

四、教育委員会と学校区

教育委員会、教育長は勿論合衆國憲法に基づいて州憲法に從い、州学校法によって規定されているが学校区の設置も同様である。

合衆國には、教育局はあるが、教育委員会は未だ設置されていない。三十九の各州はそれぞれ州教育委員会をもっている。但し九州に於てはそれに全く相当するものはもっていない。

(A)州の教育委員会が最末端の組織であるのはデラウェーヤー一州だけである。

(B)十二の州に於ては、州を幾つかの郡学校区に分けている。

(C)九州に於ては州を幾つかの町村学校区に分けている。

(D)他の二十六州に於ては、州を幾つかの郡学校区に分け、さらにこれを地方学校区に細分している。

このように、最末端の学校区の大きさは様々で、一学校、一学級、一教師一学校区という小さい学校区が十万近くもある。

この最末端の学校区の数は約十二万あるが、それぞれ勿論教育委員会を持っているけれども、小学区域の併合強化の傾向がある。

(A)合衆国――――州

(B)合衆国――州――郡

(C)合衆国――州――町村

(D)合衆国――州――郡――地方

最末端の学校区は次第に拡大されつつある。大きい範囲では有能な教育長、委員、教員が得られ、適当に組織されるからであり、又財源、経費の点から見ても、最低生徒数一万乃至一万二千が望ましいというのが調査の結果である。

又距離の点から考えれば通学や学区域内の交通、旅行、旅費から余りに廣大に過ぎない事が望まれる。

更に学校区は可能な限り、一般行政の單位と一致させて、諸機関との連絡協力を最大限に得る事に力め、又自然的、社会的、経済的單位と一致させる事が有利である。

五、教育委員の選出

教育委員の選出は、選挙に依るものと、任命によるものと、選挙と任命を併用する場合がある。選挙も直接選挙と間接選挙の二方法が行われている。

間接選挙も町村会、大陪審院、教育委員長会、郡裁判所、選挙委員会等で選挙したようである。

任命は郡教育長、州知事、州教育委員長、郡視学、郡参事会等によってなされたようである。

一般選挙に当っても、選挙区が逐次に拡大されて、小地域代表制から脱却しつつあるようである。

選挙に当っては政党に関係を持たないように又教育委員会の超党派性を堅持するように力め、所によっては選挙準備委員会を持って、P・T・A等の協力を得て候補者を推薦指名している

又教育委員の資格を、細密に規定している所もある。勿論選挙は、各州各地方学区に於て選挙法を定めて行っている。

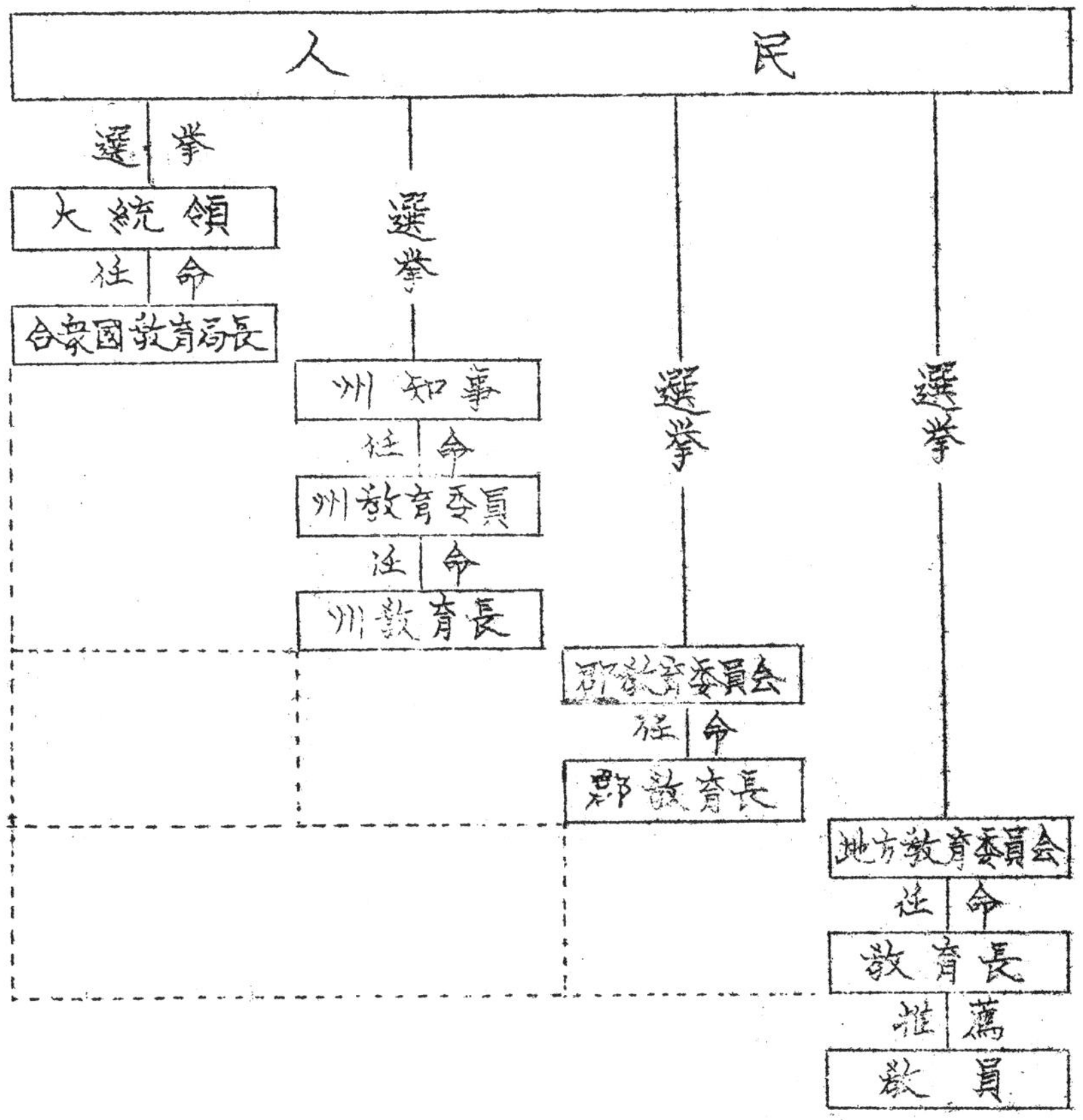

六、教育委員の資格

勿論、市民権を有すること、一定地域内に居住していること、年令二十一才以上となっているが、更に一定の財産や、一定の教育を受けていることを條件にしている所もある。

州によっては、現職教育者を一定数委員にする事を規定している所もあり、又現職教育者を全然除外している所もあるが、此の問題には全然ふれていない州が多い。

又州によっては、委員の全部、又は一部を州の官吏、例えば、知事、検事長、秘書長、財政長州教育長等によって編成されている所もある。

又一政党から四人以上の委員を採ってならぬと規定している州もある。

一般に一方に偏せず、各層、各職域の人を網羅することが要望されているのである。

人格的資格として、正直高い教養、公共精神、事務的才能、教育に関する深い関心、健全な判断力等を規定している州もあり又以上の資質は一般的に要望されている。

七、委員の任期及び数

以前には、其の任期は一年のも、終身のも、稀には見受けられたが、現在は、大方四年が多く、其の任命も、全員一時に交代せずに、委員の一部宛交代するように工夫されているようである。

委員の数も、以前には一名のもあり、又四六名のもあったが、最近の平均は約五名であり、三名乃至九名が望ましいとされ、五名乃至七名が最も適当だといわれている。

三十名、四十名という多数の委員会は普通幾つかの専門小委員会に分れていたのであるが、この制度は現在では大体廃止されて、全体委員会と教育長制度の活用になっている。

八、委員の報酬

此の委員は名誉職であって、報酬や、俸給を受けるべきものでないと一般に考えられているようで、公共に奉仕する好き機会を與えられたもので、決して、自己の経済的利益を拡大する機会ではないとの信念があるようである。従って委員の報酬を規定してあるのは二三州のみで、それも極めて小額の報酬である。旅費については必要な旅費は、当然支出さるべきものであるとの主張が強い。

九、委員会の任務

時代の進展と共に、此の委員会の任務も拡大されて、十九世紀の後期には中等教育及び公立の高等教育の管理経営を行い、更に進んで成人教育部面にまでふれ得るようになっている。

又学校の設備学校用地の問題を決定する権限も得て、今日では、教育に関する大小の諸問題は凡て教育委員会の任務とすることにきめられている。

教育財政の面に於ても、初めは此の委員会は、教育税の課税権をもたずに而も市町村会や、行政委員に対して学校財政上の責任を負わされていたが今日では事情は一変しつつある。

多数の教育委員会が、市町村当局から独立して州の法的機関として、独自の立場から教育税を賦課したり、税額を改める権限を有し、且つその任務を有する唯一の法的機関になっている。

今日では、此の委員会は地方行政機関の一事務局ではなくて、完全に独立した存在になりつつある。

あらゆる政治的願意や圧迫から教育を解放して、純粋に青少年の教育に専念する超党派、超宗派、超階級的性格を強化しつつある。

更に此の委員会は、行政機関であると同時に、立法機関でもあるが、次第に行政面に専念する教育長の活用によって、教育立法専門の機関に脱皮変貌しつつある。

具体的に其の任務は

A、教育政策、方針、諸規程の決定

B、人事の決裁

C、学校の設立、廃止統合、学校用地建築契約の締結、其他学校の一般的監督。

D、学校内の教育一般の監督をなし、教科課程、教科書、教育活動の報告の認可受理。

E、予算の編成実施、基金の保管支出、税額の決定実施。

F、教育長や、州教育局其他の関係機関との連絡報告。

G、地方社会人民の要求を取入れ、教育情況を知らせ、定時臨時の会合を催す。

H、成人教育の計画監督。

等である。

注意すべき事は、教育委員会の如何なる委員も、又委員の一部の人達も、委員たるの故を以て、教育行政権を与えられることはないという限界がある。

つまり全体としての教育委員会のみが、教育行政権をもつのである。而も此の教育行政権は首席行政官たる教育長に委任されて、個々の学校の管理経営にうつされて行くもので、学校の行政は一切の部面に於て、教育長の直接の行政下にあると規定されている。

一〇、委員会の運営

二つの型があって、一切の大小の問題を凡て委員会で、裁決処理する型のものでは、委員諸氏は寝る時間もない程に多忙を極めて、とても能率的な効果を上げ得ないであろう。反対の極端な型では、教育長及び事務員に一切の仕事を委せるもので、之では委員会は名目だけの存在、邪魔物、ぜいたく品となる。勿論この両極端の中間で、やゝ異なる運営がなされているようである。

普通、委員の会合は一定の時、所で行われ、重要な政策問題の決定に主力を注ぎ、特に最も有能な教育長の選定に重点を置き、教育長の意見報告を頻繁に求めて、連絡を密にしつつ、彼を支持し活用している。

委員会は委員長、議事係、書記兼会計係を互選している。書記及会計は、委員以外から選定している場合もあり、教育長が書記になっている場合もあり、又議長になっている所もある。教育長は発言権はあるが議決権は与えられていない。

二、教育長

社会の進展教育の量的質的進歩に伴なって、教育行政も複雑多岐になり、委員会でも小委員会でも、その遂行が不十分で専門家がどうしても必要になって生まれたのが教育長である。

1、其の任務は一言で云えば、委員会の仕事の実施責任者であり、行政者である。
2、凡ての委員会合に出席して、発言するが投票権はない。
3、学校管理統制の為の細則規程を立案し委員会に提出。
4、教育関係職員凡ての推薦内申をする。
5、職員の免退職の内申。
6、校長、事務員の配置、教員の学校学年への配当、転任。
7、職員の進級増俸案の提出。
8、学校建物備品、教科書等の維持活用の監督。
9、校舎運動場の使用許可を与える。
10、教科書、教育用備品等の選定、その購入保管分配の監督。
11、学校の廃止統合、設置の進言。
12、校舎の新築、改築等を委員会に申請。
13、義務就学の督励。
14、初校、高校、特別学校の一般的監督。
15、教科課程の編成申請。
16、通学区域の内申。
17、予算の作成、又は査定をして委員会へ提出。
18 予算内に於ける購入支出の認可及び委員会への報告提出。
19、教育税及び学校基金の使途に対する進言。

20、情況報告及び要望事項報告を毎月、毎年委員会に提出。

教育長に適任者を得ることは、其の地方の教育一般の盛衰浮沈に関する重要な問題であるので、委員会は、有能な教育長の選任に最大の精力と時間を費している。

其の選任は、一般選挙によるもの、市町村長、又は市町村会等の任命によるものもあったが、最近では、殆ど教育委員会で選定する事になったようで、此れが又最も望ましいという事になっている。

教育長の資格については、結局教育の専門家、教育行政の専門家ということになるが、州によっては、稍々條件を作っている所もあるが、大体に於ては、資格について細かい規程はないようであるが、其の職の重要性に鑑みて、教育長の選定には、愼重を期しているので、実際に於ては、皆立派な専門家が選ばれているようである。

其の任期であるが、一八三七年教育長制度の初期に於ては、一年乃至三年程であつたが、仕事の性質上、長期奉仕が要望され、任期は次第に延長して、五年以上が要望されている。実際の在職年数は八年である。